U0114462

中國近現代思想觀念史論

林安梧著

臺灣學生書局印行

自序

這一部《中國近現代思想觀念史論》終於以這樣的名稱定案而與讀者見面。其先，我想將它稱爲《中國近現代思想叢論》，後又更爲《中國近代思想史論》，一度再更爲《中國近代思想的哲學考察》，最後以此《中國近現代思想觀念史論》一名爲定。

顯然地，以上這些名稱都不一定恰當，但筆者之所以一改再改，以致牽延了出版時日，主要關鍵點在於「近代」、「現代」本就無定論式的劃分，又「思想」、「觀念」、「哲學」這些字眼亦頗多重疊紛歧，各有所說。既然無定論式的劃分，既然各有所說，索幸就用「近現代」來說吧！再說，「哲學」本不離「思想」、「觀念」，但哲學總給人一更爲體系性的理解，何不就用「思想觀念」這個複合辭來得恰當些。「史論」則一方面說有個時間的延續(史)，一方面有所論議批評(論)。

如上所說，這一部作品並不是時下大家所以爲的「思想史」作品，也不是「學術史」作品，而是環繞著近現代的「思想觀念」，而做進一步的哲學反思而有的「哲學」作品。這樣的一部哲學作品並不是一般所以爲客觀的、沒有個人主見的研究成果；相反的，筆者要承認他是頗具有個人風格與色調的作品。其實，在人文學問裡，本來就沒有所謂「沒有個人主見的客觀研究」這一回事存在，而以為有如此無色調之研究，並自稱此是史料學派，此於歷史哲學觀之，殆為笑話，徒顯其無識而已。

當然，有個人風格色調，並不是說就可以胡言亂語，無所確定。就好像有幾位畫家遊長江三峽歸來，各作一圖，皆名為「長江三峽圖」，但其所採擷、其所構思、其畫工、風格亦必有所異，因其所異，故所繪自有所不同。儘管有所不同，但卻絕不能畫出一個「萬里長城圖」來附會。思想觀念的詮釋就像繪畫一樣，非定點的唯一，但卻有個範圍，不能離譜；既和繪畫相類，必有其個人的風格色調，此不必免，亦不可免。

做為一部哲學作品而言，它必隱含著作者的終極關懷，也隱含著作者的方法、態度與風格，這是無庸諱言的。

這本書原只是筆者近廿多年來探索哲學荆棘之路的心血之一，是筆者所關連到「人存在的異化及其復歸之道」而做的探索之一。

「人之存在」並不是一掛空的抽象之物，而是具體的、當下的、歷史的、社會的、活生生的實存而有，因而我所探索便依此而多方向展開，近現代思想觀念之探索，便是集中於此而生的探索之一。

我於近現代思想觀念之探索中而生大悲感，亦於此態度中，嘗試磨鑄自己所以為恰當的哲學方法，亦在此探索之艱難歷程中而不免有悲切之筆調，但自信當不失一「調適而上遂於道」的學術追求。

於我而言，學術之為學術必有過於學術本身者，學術乃是個人求道的途徑之一，學術乃是一長久之修行與努力，學術不能僅只是學術自身而已。學術看似一表達系統，而實有過於此表達系統者，此當是所謂的「學貴在見體」、「學貴能體道」、「學貴有其本源」。當然，這裡所說的「體」、「道」、「本源」並不是個人冥想靜思之物，而是以其活生生的實存而有，進到整個生活世界、歷史社會總體之中，去知通統類、條理分析，進而上遂於一更根源性的整體之中。筆者以為任何人文學術之研究都指向一總體而根源性之本體論式的思考，並以此而開啓一真切而實存的根源性實踐動力；再以此根源性的實踐動力去克服人實存的異化，而歸返於人之為一活生生的實存而有。

「人存在的異化及其復歸之道」幾乎成為筆者近十數年來的重要哲學基源問題，求學、教課、閱讀與思考，咸以此為核心，思之！思之！鬼神通之！王船山哲學的搜討與研究，鍛鍊了筆者相關的人性史哲學思考，而熊十力哲學之深層解讀，並參之以現象學、解釋學，此皆使筆者於「存有」、「思考」與「方法」諸多方面深有啓發。再者，因緣際會，筆者因民間講學之故，更為熟讀並講習老子《道德經》、《金剛般若波羅密經》，因之逐漸開啓一文化與心靈意識的治療學思考。如此一來，人性史哲學、本體解釋學、文化治療學、心靈意識治療學、現象學、解釋學，這些語辭於筆者而言，並不是一外於我人生命之外的西方當代學問，而是活生生的實存而有，長在我人生命之中，長在我人整個生活世界裡，筆者只是嘗試著在這文化大生命之中，在整個活生生的生活世界裡，去尋繹出這些理論的線索，並企圖更進一步的構造與建立。

如上所言，可見筆者不只重在客觀學術之研究，更重在嶄新的哲學構造之嘗試，而此嘗試所爲的是要對於「人存在的異化」問題有進一步之釐清，並進而能「調適而上遂於道」，再由此根源之道尋求生命復歸其自身之可能。

筆者的研究、思考與生活世界是密合無間的，它隨著「教」與「學」，一向是多線索而歸統於一的。近現代哲學思想觀念只是此多線索的一條線索而已，它起於民國七十三、四年間對於船山思想的全面概括研究，繼之以民國七十五年間於文化大學哲學系講授「中國當代哲學」，乃上溯至嚴復。又民國七十七年間於清華大學講授「近代中國思想名著選讀」，於文化大學哲學系講授「清代哲學」。再者，筆者復應輔仁大學哲學系之邀，於民國七十九年間講授「清代哲學」。如上所述因緣和合，筆者於中國近現代思想之架構已然規模粗具，遂隨緣所至寫定諸文，而恒以「人存在之異化」爲其基源問題，並企求其復歸之可能。

〈近現代哲學之思想義涵及其啓蒙曙光〉一文原應國立空中大學《中國哲學家與哲學專題》一書而寫，初稿成於民國七十八年春，是一導論式之作品。於此文中，筆者採取一曠觀的方式來省思近現代思想觀念之歷史發展，首先建立一寬廣而基本的理解架構，指出儒學所含之三大面向：生活化儒學、批判性儒學、帝制式儒學。再濟之以一宏觀的方式，將中國哲學思想觀念之發展，以「道德意識」爲題，從其萌芽、限定、考驗、確認及轉進，進而指出近現代哲學有其嶄新的歷史任務，而此是數千年來所積澱的文化心靈意識結構必然面臨之挑戰與更新。其次，再就近現代哲學的脈絡以前後兩個階段，彰顯兩個不同的風格樣態。前者，以顧炎武、黃宗羲、王夫之爲代表，旨在闡述其傳統的轉進，在社會經濟及歷史文化的變遷之下，他們對於既有的世界觀、存有論及人性論乃至方法論都做了一個調整。這樣的調整顯示出中國傳統是多樣的，而不是單面的。後者，從戴震以下，述及龔自珍、嚴復、康有爲、譚嗣同諸人，旨在指出他們是如何的從原先的「道德主體性」轉而强調「材質化的主體性」，這顯然有所預示。順此，再分析中國近現代又如何的從傳統的自我啓蒙、異變而爲傳統的「自我解構」，最後又墮入否定性的「他力解構」之中。在這些問題之後，我們似可預示出一束嶄新的亮光，邁向「結構性的溝通型理性」之建立。

〈「正統論」的瓦解與重建——以王船山人性史哲學爲核心的理解與詮釋〉一文原是筆者《王船山人性史哲學之研究》一書之附錄的一節，後再修改增刪而成，並應國立中央大學民國八十二年所舉辦之《第二屆明清之際學術思想研討會》之邀，於會中宣讀。筆者此文旨在經由對比指出歷史上的「正統論」之爭常與「王霸之辨」、「天理、人欲之分」及「華夏、夷狄之辨」綰結成一個整體，它們常常被認爲是一個知識分子的大是大非所在，不容篡竊，但卻又充滿著被篡竊的可能。筆者指出船山乃通過其獨特的人性史哲學的立場，深入歷史的史實去探索，瓦解了「正統論」的「論」與「統」，並由之而歸返於「正」，再由此「正」而重建一「正統」，再由是而締造一具有説服力的「正統論」。船山以其獨特的「兩端而一致」思維方式，來重建他的正統論，因而擺脱了一元論的思維模式，而另立「道統説」與「治統説」來重建一較爲恰當的正統論。依船山看來，「儒者之統」與「帝王之統」是「並行」的，他們是一對列之局下的存在，而不是一隸屬之局下的存在。「儒者之統」不但獨立於帝王之統以外，而且應當成爲「帝王之統」的超越指導原則。如船山所言「無所承，無所統，正不正存乎其人」——這是説必須由政權本身的正當性做爲基礎，如此才可能成爲一具有賡續性及廣袤性的總體，這樣才能成爲一真具有正當性的正統論。

〈王船山的歷史詮釋學〉原是筆者《王船山人性史哲學之研究》有關方法論之一章，民國七十六年應淡江大學中文系之邀，於其所主辦之《晚明思潮與社會運動學術研討會》中發表，此文並於同年獲教育部之青年著作獎。本書所收該文，又略有增修。在本文中，筆者指出王船山的歷史詮釋學隱含了兩個層次，一是對經典及對歷史的詮解方式，另一則是整個船山人性史哲學中所隱含「兩端而一致」的對比辯證思維模式。此二者關係極爲密切，後者常爲前者之基礎。首先指出船山對於經典採取一「創造的詮釋」，它一方面著重的是經由人扣緊經典，並上遂於道，而使得它展開一「詮釋的轉化」。從詮釋的轉化到創造的詮釋實際上已經歷了理解、詮釋、批判與重建等過程。其次繼續掘深「因而通之，以造乎其道」的方法論，而指出了船山所強調的「歷史詮釋學」意在指出「歷史」與「人」兩者之間的互動關係。人一方面通過了人性來理解歷史，同時亦通過歷史來了解人性，前者即是所謂的人性史的概念，後者即是歷史人性學。最後指出「兩端而一致」的對比辯證思維模式，它不但是存有(道)開展的韻律，而且也是歷史進展的韻律，亦是具有人性身分的人展開其歷史詮釋活動的思維方式。

〈「以理殺人」與「道德教化」——環繞戴東原對於朱子哲學的批評而展開對於道德教化的一些理解與檢討〉一文原應教育部、花蓮師範學院所舉辦《道德教育國際研討會》而作，於民國八十一年五月於會中發表。後經修改刊於《鵝湖學誌》第十期(一九九三年六月)。文中，筆者以戴東原對清初以來的朱子學所導致的『以理殺人』的情形提出一後設的省察，進而釐清道德規範與整個歷史社會總體的關係，進而指出道德教化中「生活世界」一概念的重要性。筆者首先指出「朱子學」所强調的超越的形式之理其於中國人性論史上的意義何在。其次，導入戴東原對於朱子的批評，加以檢討；進而指出理論與實踐的關係，並點出中國哲學研究中所常忽略的知識社會學的面向。再者，回到戴東原的自然人性論的立場，指出他是如何展開對於朱子學的批評，並明其限制所在。做了這些釐清之後，筆者將指出「生活世界」這個概念的重要性，並以此來檢討朱子的道德人性論與戴東原的自然人性論之限制。最後將指出儒家道德哲學在現代社會中應如何達到一轉化創造之可能。

〈章學誠「六經皆史」及其相關問題的哲學反省〉原應中央研究院中國文哲研究所之邀，一九九二年十二月於《清代經學國際研討會》中發表，後經修改刊於《清代經學國際研討會論文集》（一九九四年六月）。文中，筆者經由一宏觀的視角，冀求對於「六經皆史也」一語及其相關的諸問題展開哲學的詮釋與分析。筆者擬由一般的學術史，上而至思想史，再調適而上遂於精神發展的辯證歷程而考察之。筆者以爲章學誠「六經皆史也」一語與戴東原「經學即理學」一語雖形成一個對反，前者所代表的是浙東史學的傳統，而後者則代表浙西經學的傳統。在學問方法上，章學誠之主張「別識心裁」與「筆削抉擇」，此與戴東原之「訓詁明而後義理明」的思想適成一嚴重的對反。然而，章學誠之欲瓦解經學的權威，此與戴東原之批判「以理殺人」，批判那專制性的超越形式性原理，有著若合符節的關係。再者，筆者指出戴東原對「以理殺人」的批判，與對於訓詁名物度數的考索與講求，形成一種內在精神上的矛盾狀態。同樣的，章學誠雖然强調「六經皆史」，但我們卻發現他背後所考慮的卻是「官師合一」、「政教合一」，因而落入一種權威主義的窠臼，造成了一種「反歷史主義的歷史主義」的奇特情形。最後，筆者指出戴東原與章學誠雖然彼此學各有所承，且相對反，但他們卻都有著矛盾的性格。這種矛盾的性格落在深層的思想史角度來看的話，我們可以說這正是整個清代專制的精神意識瓦解與重生的先兆，是生活世界重新發現的年代，也可以說是舊典範逐漸瓦解、新典範孕育的年代。

〈「傳統」與「啓蒙」——以嚴復〈闢韓〉及韓愈〈原道〉爲對比的展開〉一文原應淡江大學中文研究所之邀，一九八八年十一月於《晚清思潮與文學變遷學術研討會》發表。文中，首先筆者通過一對比的方式，指出了韓愈的《原道》所代表的傳統立場，其所强調的是一「君本的專制德化政治」，這是自唐朝中葉以來中國族群其生活世界之圖像。這生活世界圖像是不同於先秦儒學所强調「民本的德化政治」之圖像，它顯然是先秦儒學的一個扭曲與變形。直到嚴復的〈闢韓〉，才對此給予一徹底的揚棄。嚴氏提出了一「民主的契約」所成的政治要求，這要求一方面則採取了儒家的民本，同時亦喚醒了中國傳統其它的各大家派，尤其對於道家特與尊崇；當然嚴氏的行文中充滿著演化論及西方功利主義的氣氛。這可以視爲整個中國族群生活世界圖像調整的轉捩點。韓愈與嚴復正足可視爲傳統與啓蒙的對比，這對比是充滿著思想觀念史意義的。

〈個性自由與社會權限——以穆勒「自由論」爲中心的考察兼及於嚴復譯「群己權界論」之對比省思〉原發表於《思與言》廿七卷第一期（一九八九年五月），該文並於一九九一年得教育部青年著作獎。文中，筆者主要在釐清穆勒（J. S. Mill）〔自由論〕（On Liberty）一書的主題，並相應於此而指出嚴復所譯〔群己權界論〕一書所致的轉折與扭曲。筆者乃通過一文獻的理解與拓深來理解穆勒，指出彼强調『自由乃是一權力的限制』、『真理是在自由之場中開顯的』、『個性即是自由之場』；並基於上述諸端，而點出『社會權限與自由原則之釐清』的可能。在行文過程中，筆者更以對比的方式凸顯出嚴復的限制，並因之而指出中國當代所要求接受的民主自由之思想受到了什麼樣的限制。最後則强調個人、社會、政府三者的區分，指出一理想的自由社會之藍圖。

〈「抽象的感性」下的變革論者——以康有爲爲例的精神現象學式的哲學解析〉原應正中書局《當代思想人物系列》而寫，載於《中國新文明的探索——當代中國思想家》一書（一九九一年九月），後經增修刊於《哲學與文化》月刊，第十八卷第二期（一九九二年二月）。文中，筆者首先指出康有爲常被視爲激進者，但同時又被視爲保守者，然而與其僵固的去分判其爲保守與激進，毋寧對他採取一個「精神現象學式」的哲學解析。首先筆者指出康有爲「氣先理後」的主張將「氣」視爲存有的第一性，這正與其「自然人性論」的主張相應。這種「抽象的感性」的思維方式造成了傳統的「僞形化」，於是產生了「傳統的自我吞噬與瓦解」。他的《新學僞經考》、《孔子改制考》、《大同書》等造成了僞形化，就思想觀念的發展而言，可以說他完成了「抽象的感性」這樣的階段。如此說來，康有爲雖是一「改革論者」，卻造成了不可思議的革命後果。他那「公羊三世說」的歷史哲學，骨子裡是以「抽象的感性」作爲改革的心源動力，這使人從「僵固的結構」中解放出來，成爲一散開的獨立體，而誤認爲那「感性的自由」可以邁向「世界大同」。顯然的，康有爲將原先「去惡爲善」的倫理學命題轉變爲「去苦求樂」的實踐命題，衝決網羅的「抽象感性」，期待一「無父、無君」的世界大同。最後，筆者將指出經由「意識的經驗發展」與「意識型態」的理解，可見康有爲的理想是抽象而空洞的，它只是一種盼望與嚮往，卻無落實的可能。

如上所述，可知筆者於《中國近現代思想觀念史論》一書所關切的核心正是此「人存在的異化」之問題，做爲中國民族的一分子，筆者只是努力的去思索其可能的「克服與歸復之道」而已。筆者以爲這是處在不同的存有實況下，自然而然就有不同的體會與感知，自會由此體會感知，運用哲學的概念性思考，思有以詮釋與釐清、講明與辨正，調適而上遂於「道」。再由此「道」迴向於下，落實於歷史社會總體與生活世界之中，思有以照亮、顯現、明白，有以成全與論定也。

顯然地，筆者在以上所述的諸多思考活動中，必涉及於人性史哲學、本體解釋學、文化治療學、心靈意識治療學、現象學、解釋學等學問，而這些學問並不是一外於我人生命之外的西方當代學問，而是活生生的實存於我人生命之中。筆者此文並非成批的去運用某一學問來處理某一對象的研究成品，而是內涵於中國近現代諸多問題之中，浸潤於諸多學問之中，困思衡慮的勞動心血。與其說筆者研究了中國近現代思想觀念的發展，毋寧說筆者努力思考著近現代以來中國民族之生路；筆者不願意只是故紙堆的考索專家而已，筆者願意做爲一活生生的實存思考者，願意做爲一爲民族奮鬥、求其生路的求道者、實踐者。

學問之「相」本只短暫，不值得執著，但學問自有其「體」、「性」者在，它卻是恒久的，由此體性之領悟與體會，可以因之而上遂於「道」。此是學問之所以迷人而可貴之處，此是學者安身立命處，此可見學者之「安宅」何在?「正路」何在?若果泥於「相」，「曠安宅而弗居」，「舍正路而弗由」，這當然就見不到學問的「體」、「性」，那真要呼一聲「哀哉」!中國近現代的知識分子泥於此「相」久矣，此書之作不敢云有何大創獲，然質諸天地，雖不是什麼黃鐘大呂，卻是發自生命根處的聲音。願以此與所有爲中國近現代以來奮鬥的實存思考者、求道者、實踐者攜手共勉、知難而進!

——乙亥仲夏八月於台北象山居

中國近現代思想觀念史論

目次

第一章 近現代哲學之思想義涵及其啓蒙曙光

提要

本章採取一曠觀的方式來省思近現代哲學，首先建立一套極爲寬廣而基本的理解架構，指出儒學所含之三大面向：生活化的儒學、批判性的儒學及帝制式的儒學。再繼之以一種「觀念史」的大脈絡，將中國哲學之發展以「道德意識」爲題，從其萌芽、限定、考驗、確認及轉進，進而指出近現代哲學有其嶄新的歷史任務。此是數千年來所積澱的文化心靈意識結構必然面臨之挑戰及更新。

其次，再就近現代哲學的脈絡以前後兩個階段，彰顯兩個不同的風格樣態。前者，以顧炎武、黃宗義、王夫之爲代表，旨在闡述其傳統的轉進，在社會經濟及歷史文化的變遷之下，他們對於既有的世界觀，存有論及人性論乃至方法論都做了一個調整。這樣的調整顯示出中國傳統是多樣的，而不是單面的。後者，從戴震以下，述及龔自珍、嚴復、康有爲、譚嗣同諸人，旨在指出他們是如何的從既有的思想觀念下轉向強調「材質化的主體性」，這又預示些什麼。順此，再分析中國近現代又如何的從傳統的自我啓蒙、異變而爲傳統的自我解構，最後又墮入否定性的他力解構之中。在這些問題之後，我們似可預示出一束嶄新的亮光，邁向「結構性的溝通型理性」之建之。

一、一個理解架構之建立

大體來說，儒學可以有三個面向，一是生活化的儒學（Lively Confucianism），二是批判性的儒學（Critical Confucianism）三是帝制式的儒學（Imperial Confucianism）。

生活化的儒學強調的是將仁、義、禮、智這四端之心，敷布潤化於倫常日用之間；在「血緣性的自然連結」所構成的社會之上，以一種「人格性的道德連結」達到親親、仁民，一體通泰、悠游涵泳，自然無礙的境界。這時候即道德，即自然，倫常日用即是天地太和，《易傳》所謂「大人者與天地合其德，與日月合其明，與四時合其序，與鬼神合其吉凶」，其此之謂也。

帝制式的儒學強調的是以「帝皇」作爲人間世最高的根源者，一切價值的管控者，並通過一種自然哲學的構造，將儒學命定的攝入其中，成爲教化的工具。這樣的儒學是以「宰制性的政治連結」作爲核心，而將中國傳統社會所強調的「血緣性的自然連結」吸收而成爲一廣大而深厚的背景，然後又將儒家所強調的「人格性的道德連結」轉而爲工具。

批判性的儒學在先秦（春秋、戰國）時期，針對的是僵化敗壞的封建制度及日漸囂張的軍國主義。秦漢之後，中國已形成大統一的專制之局，這時批判性的儒學針對的是帝皇的心靈狀態及專制成員的道德考察。它可以說是極強調「人格性的道德連結」，並希望那「宰制性的政治連結」能以此作爲一個自我反思及考察的原則，並好好的將此「人格性的道德連結」展布於「血緣性的自然連結」之中。由於帝皇專制，絕對的政治宰制，使得批判性的儒者陷入嚴重的困局之中，或被辱、或被殺，那種「一堂師友，血洗乾坤」的悲劇情調，無疑是感人，卻又是無助的。

秦漢以來，中國帝皇專制之局已定，儒學原先所隱含的批判性與生活性，此時被單一化幾成保守性之局，批判性一面的儒學，幾乎袛成伏流，到了極端才得開顯，而且皆以悲劇性開顯。不過生活化的儒學仍然納存民間，源遠流長，成爲穩定中國社會，調節專制政治的深遠動力。事實上，儘管生活化的儒學不太顯批判性，但卻是保存著批判性，使得批判性的儒學有著更新的轉進與發展。

若總的將中國人文精神的發展，視爲道德意識的表現，而作一精神史的理解，我們可以：先秦時期是「道德意識的萌芽期」，而秦漢則是「道德意識的限定期」，魏晉、南北朝乃至隋唐則是「道德意識的考驗期」，而從北宋至明末則堪稱「道德意識的確認期」，明末清初以來，直到現在則是「道德意識的轉進重建期」。

顯然地，本章的論題是正視這個「道德意識的轉進與重建」。爲了達此目的，我們必得以「道德意識確認期」的宋明理學作爲一個先前的對比架構而後展開其理緒，並且去展開中國儒學原先所涵的三個面向，而釐清這三百多年來的思想史理路，指出未來的可能。因爲帝制式的儒學已消弭乏力，而生活化及批判性的儒學必將興起，亦唯如此才是中國新興之可能。

二、道德意識之歷史的回溯及釐清

「道德意識的轉進與重建」是承繼著宋明理學之「道德意識的確認」而往前邁進的。於此，我們得再對上節所述的幾個階段作一大略的釐清，以爲此節觀念確定之前導。「道德意識之萌芽期」指的是孔子、孟子以其存在的實感點燃了人最爲根本而內在的怵惕惻隱、指出「我欲仁，斯仁至矣」，指出「人皆可以爲堯舜」。

「道德意識之限定期」指的是秦漢階段以一種自然哲學的架構及政治的力量給予道德意識一限定。這樣的限定是由外而來，它一方面照顧到人作爲一個自然的存在，另一方面照顧到了人作爲一個社會的存在，但並未真正視到人作爲一個道德的存在，當然此所謂「自然的存在」，是就當時那套陰陽五行的自然哲學而說的，所謂「社會的存在」則是就當時的帝制及宗法社會而說的。

「道德意識之考驗期」歷時頗久，從魏、晉、南北朝、隋、唐，至唐中葉以後韓愈之道統說，始有一大的轉進。這期的表現主要是佛教及道教的重大沖擊。它代表著中國民族的心靈意識面臨壓抑之後的第一次徹底解放。這樣的解放，使得中國民族真切的以一種生命的豐姿去體會大宇長宙、造化流行之美；這可以說邁向了中國民族的美學意識之建立，同時是道德意識的考驗，由這考驗而邁向了確認。

「道德意識之確認期」的「確認」特別强調的是由主體而來的，由內在而發的一種肯定，此不同於前面所謂之「限定」。限定是依於外的，是置放在一結構中而成的，此不同於「確認」之爲主體的，依於內的。值得注意的是，宋明理學所達到的「道德意識之確認」仍有其侷限，主要原因是長久以來的帝皇專制、宗法社會及小農經濟，使得這樣的「道德意識之確認」仍然落在「土地」、「血緣」及「帝制」的限制之下，它仍然停留在一「超越的形式理念之確認」，頂多是「實體化的主體性之確認」，而未能真正面對一「結構性的互爲主體性」的建立。

宋明理學，程朱一系最爲强調「道問學」，他們拈出的理學宗旨即是「性即理」，他們强調的是通過「涵養用敬」及「格物窮理」的方式達到一道德之「超越理念的確認」，最常標舉的教化條目是「存天理，去人欲。」

陸王一系最爲强調「尊德性」，他們拈出的心學宗旨是「心即理」，他們强調的是通過「致吾心之良知於事事物物之上」之實踐方式，而達到「一體之仁」，由於此「實體化的主體性之確認」，使得吾人真能體會到人皆可以成聖成賢、心同理同。

除了理學、心學這兩個系絡之外，如周敦頤、張載這些北宋時期的思想家，他們所強調的是「氣」。但這個「氣」的強調仍然停留在「實體化」的層次，儘管繼起者更能及於存在性及結構性，但卻頗有限度，它祇是作爲未來儒學轉進的可能而已。

明代中葉以後，隨著手工業的發達，商業資本的累積，中國社會進入到一有史以來難得一見的大轉型時期，雖然它的腳步仍是極爲緩慢的，但加上西方學問的東來，更激發了中國學問傳統中的多元可能性。嶄新的可能性正在胎動著，舊有的典範正面臨著崩解的命運。明王朝的腐敗，異族的環伺，加上內部民生的不安，終於引發了浩蕩的革命潮流，打著農民起義的招牌，幾乎襲捲了整個中國。異族趁隙而入，廝殺掠奪，無所不用其極，終而平定所謂的「亂賊」，而入主中國。不幸的是，那些正在胎動的中國思想之諸可能性，竟因而沉湮不起，繼續以可能性的抽象狀態，爲華族留下一線生機的保存到清中葉以後，才得再度爲人所識，成爲另一個改革的動力。

這股改革的動力在外力性的强勢入侵之下，激起另一個對立面——作爲極端的保守主義者而來的强大反擊，又因而再度陷入兩個極端對立的思想鬥爭之中。於是極端的保守主義者空洞的佔有了中國文化，而另一個對立面的極端進步主義者片面的否定了中國文化；這樣一體之兩面的思想鬥爭使得中國民族陷入有史以來最嚴重的思想貧困之中。「道德意識的轉進與重建」是何等艱難，歷時雖已三百餘年，仍然遙遙不可及。

三、顧、黃、王的哲學思想及其啓蒙意義

由前述「理解詮釋架構之建立」及「道德意識之歷史的回溯與釐清」我們一方面豁顯了儒學的三大面向：生活化的儒學、帝制式的儒學及批判性的儒學之區分，並指出了明末清初作爲一轉進及重建的嶄新可能，將是生活化的儒學及批判性的儒學逐漸取代帝制式儒學而締造一新的儒學可能的胎動；再者，我們亦指出了儒學所强調的道德意識，經由萌芽、限定、考驗及確認，逐漸而至一轉進重建的可能，這可能是從明末清初而逐漸開啓的。儘管，截至目前爲止，我們仍然未轉進成功，未能已然重建；但我們卻可以肯定的説，明末清初如東方的黎明，指出了一啓蒙的曙光，這是任何要求中國文化傳統再度開啓其生命動力的知識分子所宜深思長慮的。現在，我們且從顧、黃、王三大儒説起。

(一) 顧炎武

顧炎武字寧人，號亭林，江蘇崑山人，生於明神宗萬曆四十一年，歿於清康熙二十一年（西元一六一三——一六八一年），他身處明清之際，體會異族壓迫，國族殘破之苦，從而省思中國歷史之諸限制，並深切批判了宋明儒學那種「超越的形式理念之確認」及「實體化的主體性之確認」的限制，掙脱出這種抽象化及空洞化的籓籬，而真正的面對了人之爲人作爲

一個實際的存在者，開啓了一個面對具體現實的實踐理性。

顧氏對於程朱理學及陸王心學攻擊甚烈，他走的路子近乎張載所開啓的「氣學」一脈。基於氣一元論的範疇而認爲「盈天地之間者皆氣也」，並通過中國傳統的「道器」範疇而指出「非器則道無所寓」，藉著「下學而上達」的標的，指出了唯有對於實際有形有象的具體事物有所瞭解，才可能提到一抽象的普遍原則。換言之，顧氏所强調的「理」已不同於程朱或陸王之「性理」或「心理」，而著重於「事理」或「物理」。

依顧氏看來，宋明理學家所强調的「明心見性」無疑是空洞的。他甚至批評王陽明的良知說，如同王安石的「新說」及王弼的「清談」都是亂世誣民之說，純是空虛的玄談。他極反對於經學之外，另立一理學之名。他强調「經學即理學」，離了經學便無所謂的理學，像宋明理學根本是禪學。誠然這些話不是平情之論，但顧氏之所以這麼說，正因爲他看到了宋明理學對於「超越的形式理念之確認」及「實體化的主體性之確認」有了嚴重的限制。加上歷史、社會諸條件更迭，更使得他省思到問題的迫切性，非得更革不可。

如他所說「法不變不可以救，今已居不得不變之勢，而猶諱其變之實，而姑守其不變之名，必至於大弊」。針對這種不得不變之勢，他提出的辦法是「請於不變之中而寓變之之制；因已變之勢，而復創造之規」。他强調的是通過歷史的真切理解，掌握了所謂的不變的原則，再依循著已變之勢，再行創造。換言之，所謂的「創造」是基於傳統的歷史性理解而來的進一步延展。顯然地，顧氏比起宋明諸儒是更爲著重歷史性的。他所面對的是具體現實，而不是普遍的理念，而且他相信普遍的理念是由具體現實抽繹而成的。

不過，我們似可發現顧氏一方面注意到了具體現實的一面，但另方面則仍然有「復古」的傾向。不過他並不以「復古」作爲其思想的標的或歸宿，而是將「復古」的情思，通過一歷史性的考察而模塑成一實踐性的指針。他說：

「嘗謂今人纂輯之書，正如今人之鑄錢，古人采銅於山，今人則買舊錢，名之曰廢銅，以充鑄之而已。所鑄之錢既已麤惡，而又將古人傳世之寶，舂挫碎散不存於後，豈不兩失之乎？承問日知錄又成幾卷，蓋期之以廢銅，而某自別來一載，早夜誦讀，反復尋究，僅得十餘條，然庶幾采山之銅也。」（《亭林文集·卷四·與人書。卷十》）

這段精采的比喻可以看到顧氏認爲他所從事的工作是「采山之銅」的偉大事業。因爲他已厭惡一般士人的「鑄廢銅」，他意識到要重新揚起文化意識，唯有「采山之銅」，而「采山之銅」的標準是「必古人所未及就，後世之所必不可無者而後爲之」（《日知錄·卷十九·著書之難》），「或古人先我而有者則削之」（《日知錄·自序》）。這裡似乎隱含著一個亟待檢討的問題，顧氏極力要掙脫宋明理學末流的空疏路子，一再的要把握住實事實理。結果，他固然擺脫了空洞的「超越的形式理念之確認」及揚棄了虛玄的「實體化的主體性之確認」但卻又流於一極爲簡單而固定的素樸的反映論之立場。學問不再是大系統的構造，不再是人類心靈的締建，而是尋根挖寶，採山之銅。

關連著顧氏這種復古之歷史性考察之要求及採山之銅所含之素樸反映論的性格，他雖也强調「明道」及「救世」。但顯然地，他所明的道不是宋明理學之道，不是道德意識之確認，那種對於「超越的形式之理」及「實體化的主體性」之確認，而是從此解開、散開的歷史之道。這樣的歷史性之理解雖然有了極大的轉型，但他又停留在一素樸反映論的立場及古爲今用的實用要求上。

順此理略，我們便可以清楚爲何顧氏在政治方面會有「寓封建於郡縣之中」的主張。他一方面見到了封建之轉爲郡縣是勢所必然的，而郡縣之制已近二千年，勢將再行轉變，他亦知道此轉變不可能又回到封建，而認定該是「寓封建於郡縣之中」如此則天下可治。在他相關的論説之中，我們可以發現顧氏見到了具體的現實，但卻又仍然囿限一「復古」的歷史之模型。儘管其「復古」爲的是創新，但在模型上卻爲其所侷限。當然極可能是因歷史社會條件的限制，使得顧氏的思想之突進，至此而已。儘管歷史有了新的胎動，但長久以來以「血緣性自然連結」爲基本方式的中國族群，仍然擅於以「人格性道德連結」爲人與人之間的互動關係，仍然須要有一作爲人間世之最高的價值根源及一切判準的管控者——天子。換言之，中國族群仍然停留在「宰制性政治連結」的核心管控下，祇能以「血緣性自然連結」「人格性道德連結」作爲調節的機能而已。這是時代之限制，不能責之太過。再者，顧氏那種「采山之銅」的學問辦法，雖然避免了「鑄廢銅」的浮言濫説，但卻囿限於素樸的反映論，因而極易爲另一種具體的歷史性所限制。當然顧氏是轉型期的人物，他開發了許多可能，但由於緊隨而來的滿清皇朝之高壓，遂使得明末清初的實學要求，由實事實理之實踐轉爲僵固的歷史掌故之名物度數之考據。乾嘉學派之奉顧氏爲先驅，其理由亦在此。

(二) 黃宗羲

如果勾連著宋明理學的系絡來說，顧炎武無疑的較偏向於程朱「道問學」一脈，可以視爲此脈絡的轉進與發展。當然有關本體方面的主張他與程朱並不相類，反而近乎張載。張載（或周敦頤）可以說是明末諸大儒在本體論上的共同根源，但明末諸大儒之具體線索上，實際上仍可視之爲「道問學」及「尊德性」的轉進與發展。黃宗羲（字太沖，號梨洲，浙江餘姚人。生於明神宗萬曆三十七年，歿於清康熙三十四年。西元一六〇九—一六九五年）則可視之爲繼承陸王一系往前的發展，在本體方面，他一方面强調「天地之間，衹有氣，更無理；所謂理者，以氣自有條理，故立此名耳」（《明儒學案》〈卷五十〉），另方面他又說「盈天地皆心也；變化不測，不能不萬殊。心無本體，工夫所至，即其本體。故窮理者，窮此心之萬殊，非窮萬物之萬殊也」（《明儒學案》〈序文〉）。顯然地，黃氏總結了「心＝氣」這個命題，他繼續開發由陽明、蕺山一系以下的心學義涵，深化了心的本體義，因而特別强調其工夫義。所謂「心無本體，工夫所至，即其本體」即指此而言，我們可以更進一步指出梨洲繼承著心學之路，而企圖從「實體化的主體性」中解放出來，强調「存在的歷史性」。當然這裡所謂的「存在的歷史性」仍是以其即工夫即本體的主體作主也。換言之，梨洲所强調的「天地之間，衹有氣，更無理」這並不意味他就是個「唯物論者」，其實某個意義下，他是更接近於唯心論的，衹不過他更强調心的存在性及歷史性。

因爲他極强調道德本心的存在性及歷史性，因而他一方面繼承著儒學傳統，强調「事功必本於道德，節義必原於性命」，但他又清楚的確立了「道德不離事功」的實踐原則。他意圖突破道德修養意識的制限，而希望邁向道德的社會實踐意識，正因社會實踐意識的喚醒，他在《明夷待訪錄》中，徹底的提出了中國傳統政治的全面反省，將孔孟以來的民本思想提到了無與倫比的高度。

黃宗羲曠觀中國政治傳統，作出「爲天下之大害者，君而已矣」這樣的總結。他認爲「古者以天下爲主，君爲客；凡君之所畢世而經營者爲天下也。今也以君爲主，天下爲客，凡天下之無地而得安寧者爲君也」。（〈原君〉）他清晰的指出主客易位倒反所形成的困結，這困結一旦解開，則天下的治亂問題便有所不同。因「天下之治亂，不在一姓之興亡，而在萬民之憂樂」，故「桀紂之亡」正是「所以爲治」；而「秦政蒙古之興，乃所以爲亂也」。治亂與否，端視萬民，而不在皇室之興亡，這樣的立論顯然是將一切拉到了「民本」，拉到了「天下爲本」來說，整個思想空間，整個言說情境因而爲之一變。如此一來，「君臣之名，從天下而有之者也。吾無天下之責，則吾在君爲路人；出而仕於君也，不以天下爲事，則君之僕妾也；以天下爲事，則君之師友也。」（〈原臣〉）「天下」是君臣關係的唯一判準，而且恰當的君臣關係不是「主奴」，而是「師友」。這時候出而爲仕的讀書人，大可以昂首的說「我之出而仕也，爲天下，非爲君也；爲萬民，非爲一姓也」（〈原臣〉）。

梨洲深刻的詮釋了「君臣」的關係，從而瓦解了中國傳統政治的君臣關係，讓出了一個廣闊的天地；這正如同他深刻的詮釋了儒家的「道德本心」，從而提出了「心無本體，工夫所至，即其本體」的論點，這便瓦解了宋明儒學末流所强調的「實體化的主體性」，及「超越的形式理念」的抽象性及空洞性，而真正面對了具體而真實的世界。這亦是我們在前節所謂的「道德意識的轉進與重建」的偉大胎動，不過我們仍可清楚的發現到由於歷史條件及社會條件的限制，使得這些偉大的胎動仍祇停留在胎動的階段，而且隨即爲滿清皇朝所壓制。

梨洲强調宰相制度及學校制度的重要，他認爲取消宰相制度，勢將帶來嚴重的後果，君主因之驕縱自恣，且無選賢任才之志，宮奴極易乘機竊奪政權。如此一來，君主獨裁政治成了宮奴政治之別名，全國人民變成了「次奴隸」，天下淪落於宮奴之手。這樣的政治極易傳染給一般士大夫，使之「舍其師友之道，而相趨於奴顏婢膝之途」。（〈置相〉）。在梨洲的想法裡，他以爲君主與大臣可以直接晤對，公開討論政治。他想以相權限制君權，並且竭力發揮「天子一位」之說，把天子與公、卿、大夫的關係以「絕對的隸屬之局」轉而爲「相對的階層分列之局」。他亦强調學校的重要，依他看來「學校所以養士也」，而且「古之聖王，其意不僅此也，必使治天下之具皆出於學校，而後設學校之意始備」（〈學校〉）。梨洲想的是立學校，養人材，主持公是公非，讓它成爲監督政府的清議機關。因爲依梨洲看來「安國家，全社稷，君子之事也；供指使，用氣力，小人之事也」（〈兵役二〉）他認爲由學校培養出一流的政治人才，才能推展偉大的風教事業，當然他的視點仍然囿限於君子、小人，勞心、勞力之別，這是無庸諱言的。

做爲一個啓蒙思想家，梨洲無疑是可貴而又可取的，儘管他爲時代所限，但他所開啓的根芽卻值得進一步的栽培，使之發榮滋長，作為傳統邁向現代的良好過渡。想想他如何的從宋明儒學之「道德意識的確認」中走出來，而邁向了一更寬廣的社會歷史世界！想想他是如何的鬆解中國帝皇專制的「絕對的宰制性政治連結」，而意圖恢復其理想中堯舜三代的聖賢政治，他真正讓我們重新理會到中國儒家偉大的政治理想，是如何讓每一個人在教化風行中，成其為一個人。這些思想恐怕仍是生於當代的我們所宜重新正視的。

明顯地，梨洲極力的擺脫「帝制式儒學」的管控，他意圖恢復儒學生化活化的天地精神及與民憂樂的批判志業，邁向生活化儒學及批判性儒學之建立。

(三) 王夫之

若將顧炎武視為程朱思想的轉進與發揚，黃宗羲為陸王哲學的更新與再造，則王夫之可被視為直承張載，遙契大易，總結程朱、陸王而締構了一套偉大系統。

王夫之字而農，號薑齋，湖南衡陽人，晚年隱居石船山，世稱船山先生。生於明神宗萬曆四十七年，卒於清聖祖三十一年（西元一六一九——一六九二年）。在戰亂流離之中，他飽嘗亡國滅種之苦，竄身窰洞，焦思力索，總結地探討了中國歷史文化的變遷，開發了傳統經典的智慧。面對地拆天崩的大變局，他堅毅昂然，永世不屈，「六經責我開生面，七尺從天乞活埋」，正是船山終其一生的證言。

船山如同梨洲、亭林一樣，亟反宋明理學末流空疏之病，走出了那「超越的形式理念」

及「實體化的主體性」之藩籬，真切的面對了人存在的具體性與現實性。不過船山更爲可貴的是，他不祇注意到了具體性與現實性，而且更注意到歷史的縱深與高度。他不祇停留在「復古」或「古爲今用」的角度來理解歷史，他不黏著於具體的歷史性。他通過歷史的縱深而提到「貞一之理」的形上層次，他更面臨著實踐所展開的歷程，重視「相乘之機」的諸多可能。他清理了宋明理學數百年來的諸大爭議，面對「道、器」、「理、氣」、「理、欲」、「理、勢」等範疇，而作出「道器合一」、「理氣合一」、「理欲合一」及「理勢合一」的總結。

「道器合一」的說法所在多有，但船山所強調的「道器合一」並不是空洞的將形而上之道與形而下之器，就其現實層面，去說它是合一而不離的。他強調「形而上者，非無形之謂。既有形矣，有形而後有形而上，無形之上，亘古今，通萬變，窮天窮地，窮人窮物皆所未有者也，故曰：惟聖人然後可以踐形，踐其下，非踐其上也。」（《周易外傳》〈卷五〉），他肯定的說「有形而後有形而上」，世上根本沒有一個「無形之上」的東西，正因如此，聖人是「踐形」，踐形是踐其下，非踐其上。所謂踐其下是踐其有形之器，船山顯然是以形器爲首出的，因此，他更推而擴之的說「故作者之謂聖，作器也；述者之謂明，述器也；神而明之，存乎其人，神明其器也。識其品別，辨其條理，善其用，定其體，則默而成之，不言而信，成器在心而據之爲得也。嗚呼！君子之道，盡乎器而已矣」（《周易外傳》〈卷五〉）。依船山看來，形器是首出的，道必開顯爲形器方是道，必有形器方有道，這可視之爲「道的形器化原則」或「道的個殊化原則」。離此原則而高談道的「寂」與「虛」，將陷入邪說妖妄之地，船山便以這具體現實的形器化原則來駁斥佛老，甚而以此來批判陸王，依他看來將主體直接沒入形上實體，而達到一種實體化的合一便是一種虛寂的幻像；唯有通過形器的客體之掌握，與形上實體之間產生一種張力，由這種張力而來的「合一而兼兩」、「兩端而一致」的對比辯證關係，才足以真正調適而上遂於道，亦才足以將道體現於形器之間。

換言之，船山並不是一個「唯器論」者，在發生學的角度，他提出了以「形器化原則」爲首出的見解，但又强調「形而上者，當其未形而隱然有不可踰之天則。天以之化而人以爲心之作用，形之所自生，隱而未見者也」（《周易内傳》〈卷五〉）。顯然地，他一方面重視發生學的思考角度，而另方面則頗重視存有學的思考角度。就發生學的思考角度而言形器是首出的，但就存有學的思考角度來說，形上之道是先在的。換言之，船山所謂的「道器合一論」隱含著一套極爲特殊的方法論，他將發生學及存有學的兩個向度，通過一種「兩端而一致」的方法凝合爲一。事實上，這「兩端而一致」的對比辯證思維模式通貫了整個船山學。它將普遍與個別、抽象與具體融合爲一，他一方面强調通過歷史來彰顯人性、詮釋人性；而另方面則强調通過人性來理解歷史，詮釋歷史。他建立了一套歷史的人性學，同時亦建立了一套人性史的哲學。

依船山看來，「天日臨之，天日命之，人日受之。命之自天，受之爲性，終身之永，終食之頃，何非受命之時？皆命也，皆性也。天命之謂性，豈但初生之獨受乎？」（《尚書引義》〈太甲二〉）。他將「天命之謂性」作了這樣的理解，一方面擺脱了「性成命定」之說，另方面邁出了宋明儒學心性先驗說的藩籬，而將「天命之性」視爲一長遠不休止的歷程。「性者，生也；日生而日成也」，「未成可成，已成可革」（《尚書引義》〈太甲二〉），人性是在歷史中長養而成的，可貴的是人不像禽獸祇「有天明而無己明」，人除了「有天道，抑有人道」，人道能「持權」，具有「繼善成性」的能力，也因此，人能在歷史中經由文化的陶養，鑄成自具風格的人性。這樣的人性不祇是被動的爲歷史所模塑，而是積極的參與了歷史的締造。在此，船山一方面肯切的注意到了廣大的歷史社會情境乃是人性的具體落實之場，尤其他清楚的注意到所謂的人性不祇是如宋明儒學所强調的「形式性原則」那般的「超越的理念」或「實體化的主體性」，他更精確的注意到了「形式性原則」必得經由「材質性原則」的展開與鍛鍊，才能真正具現出來，而惟有具現出來的「人性」才是真切而有力，走進歷史、社會的人性，才能免於停留在「抽象的本質狀態」之議。他說「夫天與之目力，必竭於後明焉；天與之耳力，必竭而後聰焉；天與之心思，必竭而後睿焉；天與之正氣，必竭而後强以貞焉。可竭者，天也；竭之者，人也」（《春秋左氏傳》〈博議·下·哀公七年〉）。顯然地這是他「道器合一」論，既强調存有學，又强調發生學，「兩端而一致」的辯證思維模式落實於人性上的必然總結。

相應於上述這樣的「竭天成能」的論點，船山將「材質性原則」提到了相當的高度，不像宋明理學家那樣的高抬形式性原則而强壓材質性原則。他反對「存天理、去人欲」的片面說法，而代之以「公理」及「私欲」的對比，强調「天下之公欲即理也」，應該從「公私誠僞」去分判，不應侷限於聲色耳目之別。他更而分析世俗所謂的「縱欲」，其實根本不是

「縱欲」，而是「遏欲」，他說：

「不肖者之縱其血氣以用物，非能縱也，遏之而已矣。縱其目於一色，而天下之群色隱，況其未有色者乎？縱其耳於一聲，而天下之群聲閟，況其未有聲者乎？縱其心於一求，而天下之群求塞，況其不可以求求者乎？……故天下莫大於人之躬，任大而不惴，舉小而不遺，前知而不疑，疾合於天而不慚，無過之者，無所不達矣。」（《詩廣傳》〈大雅〉）

耳目聲色，才氣情欲都是人性落實的資具，不可避，也不必避，要正視它，並通過它去完成它。不過人性落實的過程，由「貞一之理」而「相乘之機」極易爲材質性原則之耳目聲色等物欲所劫奪，如此則縱一欲而遏百欲，使得生命開展受到極大的損傷與迫害。依船山看來，惟有暢其欲，達其情，通其理，才可能上遂於道。

如上所述，我們勢將清楚的發現船山所謂的「理欲合一論」並不祇是空泛的說天理必得通過人欲才得展開，而是真切的正視了「人欲」之作爲「材質性的原則」，在其發生學的角度上是有其優先地位的，而這所謂的「發生學」則又不離於「存有學」的形上思維角度。換言之，在人性論上，船山所主張的「理欲合一論」，正脗合了他在天道論上所主張的「理氣合一論」，而這都可以統括在「道器合一論」這個名目下去思考。

「理氣合一論」不祇是說形而上之理要掛搭在形下之氣上展開，而是深化了所謂的「氣」，將「氣」提到「本體」的地位。他借著「氣」的流行與變動，就其剛健不息而說

「若論氣之本然之體，則未有幾時，固有誠也。……惟本有此一實之體，自然成理」（《讀四書大全說》〈卷十〉、《孟子》〈告子上篇〉）；他指出氣的本然之體即是「誠體」，即是「實體」，氣之流行，自然成理。「理即是氣之理，氣當得如此便是理，理不先而氣不後」（《讀四書大全說》〈卷十〉、《孟子》〈告子上篇〉），就氣之理而言，這樣的理含有兩重身分，一是就氣之流行所成之理，這是條理之理或事理之理；另一則就氣之當得如此其主持調劑者而言，這是主宰之理或貞一之理。船山不將理、氣打成兩橛，而提出一更具包蘊性的「氣」作爲總結，所謂「天人之蘊，一氣而已」、所謂「氣外更無虛托孤立之理」這在在顯示他是以一更寬廣的包蘊立場作爲省察及反思的言說背景，人性即參與其中、受其長養，同時推動其前展。

或許我們可以說船山的「理氣合一論」隱含著一套「自然史的哲學」，而「理欲合一論」則隱含著一套「歷史的人性學」，至於「理勢合一論」則隱含著一套「人性史的哲學」。「人性史的哲學」若廣義的來說，可以作爲船山哲學的總稱，它一方面指的是「人性中的歷史性」，另方面指的是「歷史中的人性」；若狹義的來說，特別指的是船山的歷史哲學相關的論著，如《讀通鑑論》及《宋論》等所呈現出來對於中國歷史的理解。事實上，這兩個層次是密切勾連在一起的，難得分開。

依船山看來，所謂的人性不是空泛的去論人的本質，而是得落實於族群之中，才得開展，「沒有族群性則人性是空的」；而所謂的「族群性」並不祇是一個族群聚結一處，籠統而概括的一種「意理」（意識型態），他相信此族群性背後尚有所謂「貞一之理」的人性做爲根源，「沒有人性則族群性是盲目的」。歷史性、族群性及人性的對比重視，使船山的史論能夠落實在社會歷史的領域來申言立論，而且又能調適而上遂地窮本溯源，找尋根本——人性，並因之而通極於道。由於他能落實於社會歷史的領域來申言立論，因此他免去了傳統以來大部份的文人史論，祇攫取歷史中的某一事件，便比興式的信口開河，徒以氣勢之迭宕及文章的開闔搏擊來撼動讀者，取得讀者情緒上的感動。船山他真能洞察事件背後的思想與意義，他真切的了解到所有的歷史現象都在訴說著它自己。同時也在敲動著人性，同時亦敦促著道的開展。

船山面對了堯舜三代的歷史性，打破了理想治世早存於古遠世代的想法，他駁斥「世愈近則道愈衰，世愈遠則道愈著」這種崇古非今的論點，他甚至强調「堯舜之心，於今尤烈」。無疑的，他清楚看到歷史是一種變動與發展，但並不即認爲歷史是一種演化與進步。

依船山看來，在一長遠的開發與累積，各種艱難的艱辛克服，人才確定爲一具有人性身份的人，而此時人才有歷史可言。他認爲黃帝（軒轅）是歷史上的一個轉捩點，從黃帝、堯、舜、夏、商、周，一直發展到孔子，「道始大著」，中國族群之所居才堪稱是一具有人性身分所成之世界，而孔子之後的世代則有其浮沈昇降，興衰存亡。此有軌跡可循，此中即顯示其辯證性，於此船山即提出所謂的「理勢合一論」。

「理者，物之固然，事之所以然」（《張子正蒙注》〈至當篇〉），「勢者，非適然也，以勢爲必然，然有不然者存焉」（《春秋家說》〈卷一〉）。如前所說，船山所謂的「理」是條理之理，以及由此條理之理統貫而成的主宰之理，而他所謂的「勢」指的是「事之所成」，是就事的相續所成之動向而說的。依他看來「事所成者，勢也；以其順成其可，以其逆成其否，理成勢者也；循其可則順，用其否則逆，勢成理者也」（《詩廣傳》〈卷三，小雅〉）。如以歷史的理解角度而言，有勢成理者，如秦始皇之統一天下，廢封建而行郡縣，此是「天假其私以行其大公」，此是順著歷史的推移而成其理者也；而如孔子之點化仁心，教化傳於永世，這是以其貞一之理，落實於人間的實踐而成就的動向，所謂「理成勢」者也。

如上所述這樣「理勢相成」的合一論調來說，我們發現船山一方面强調歷史的動勢之理解，另方面則强調人性的具體實踐。他意圖在「變、勢、時、幾」中有所充分的掌握，所謂審勢知幾，求變應時，這完全爲了將貞一之理的人性敷布於具體的歷史社會之間。船山强調「太上治時，其次先時，最下亟違乎時。治時者，時然而弗然，消息已以匡時者也。先時者，時將然而導之，先時之所宗者。因時者，時然而不得不然」（《周易外傳》卷七）。這清楚地可以看到船山那種積極進取的實踐精神及審勢知幾的偉大智慧。

(四) 結語

若將顧、黃、王三大家合比而觀，我們勢將發現他們正代表著中國歷史傳統的偉大轉進，他們似乎已邁出了傳統的侷限。他們總結了宋明理學「道德意識之確認」下所强調之「超越的理念」及「實體化的主體性」的精髓，並揚棄了其可能帶來的空洞性及抽象性，而切要的走入了具體性及現實性的歷史社會之中。

值得再度一提的是，顧炎武以「實事求是」的態度，開啓了經世致用之學；但由於他囿於具體歷史性的限制，那種「采山之銅」的學問方法，固然揚棄了「鑄廢銅」的浮言濫說，卻又因而陷入了飽飣考據、錙銖必較的狹隘心態之中，這正是清代樸學的濫觴。顧氏本為經世濟民而「采山之銅」，竟滑轉異化為清之「清檢廢銅」，此誠所料未及也。黃宗羲的《學案》體裁，總結了明代近三百年的學術發展，為儒學流派作了客觀的釐析與制定，開創了極富盛名的浙東學派之史學研究。再者，《明夷待訪錄》猛烈抨擊中國傳統帝皇專制所強調的「絕對宰制性的政治連結」，而已指出了中國未來必將邁向「民主」的道路。王夫之那種「六經責我開生面」的偉大擔當，徹底而全面的以一種詮釋性的創造方式總結了中國傳統的經典著作，更獨特的是，在方法論上，他融接了發生學及存有學兩個角度，而締建了一「兩端而一致」的對比辯證思維模式；再者，他以此思維模式，洞觀歷代興亡、文化變遷及人性升降而建構了體系恢弘的「人性史哲學」。

顯然地，顧炎武給我們的啓發比較是經世致用的實學，黃宗羲則在政治觀念上有嶄新的創獲，王夫之則更為全面而深刻的以其哲學體系向我們展露著啓蒙的曙光。

四、啓蒙曙光之隱晦及其再起

如前節所述，明清之際顧、黃、王三家的哲學思想已邁出了傳統的侷限，他們總結了宋明理學由「道德意識之確認」下所强調之「超越的形式理念」及「實體化的主體性」之精髓，並揚棄了其可能帶來的空洞性及抽象性，切要地走入了具體性及現實性的歷史社會之中。當然那個時代的思想家不祇南方的顧、黄、王如此，即如北方的傅山（字青主，西元一六〇七—一六八四年）、顏元（字易直，號習齋，西元一六三五—一七〇四年）、李塨（字剛主，號恕谷，西元一六五九—一七二三年）亦皆可歸入同一陣營來理解，他們都從各個不同的面向點燃了「啓蒙的曙光」。

值得一提的是，這仍祇是一束「啓蒙的曙光」，在歷史社會條件稍有更革的情況之下，暫時乍露的曙光。長久以來中國民族在帝皇專制、宗法社會、小農經濟的背景下所奠立起的意識型態，卻是不易衝破的。在這種以「宰制性的政治連結」為核心，以「血緣性的自然連結」為背景，以「人格性道德連結」為工具所締造的意底牢結下，要去護養這束「啓蒙的曙光」，由傳統走入現代，本極不易。令人懊惱的是，歷史竟如此詭譎，滿清以異族入主中國，一方面廣開所謂「博學鴻儒」，籠絡士子；一方面大興文字獄，清除異己，在嚴厲的思想言論監控下，重訂宋明的性理之學，仍以程朱一系作為官學。在這種情形之下，啓蒙的曙光沈湮而不顯，原來被啓蒙思想家所批判的舊傳統、舊思想，又如排山倒海般的回籠，並以更為頑固的姿態向人們展示著他的虛張威力。

就思想史角度看來，這時候，宋明儒學原先所强調「超越的形式理念」便以一種極為奇詭的方式成了滿清皇朝嵌制人們思想行動的精神資源。在滿清的絕對宰制之下，那「超越的形式理念」益形抽象化、空洞化；但卻又顯示一種極為奇特而虛張的威力。這股奇特而虛張的威力，又使得「超越的形式理念」更加空洞而僵化，兩者往復不已，造成道德意識的嚴重衰退。如此一來，原先宋明儒學所强調的「實體化的主體性」更因之滑轉異化而爲一種「材質化的主體性」。這時我們勢將發現程朱一系的理學成了具有虛張威力、空洞而僵化那樣的「超越的形式理念」正與陸王一系的心學此時已偏離了原先那「道德實體化的主體性」而滑轉爲「材質化的主體性」相互對立。前者空洞的佔有「形式」的一面，後者盲目的佔有「材質」的一面。前者夾著政治宰制的力量而達到嚴密的社會控制，釀成了「以理殺人」的後果；後者則以對反的方式，猛烈的揚棄道德的形式性原則，把材質性的「血氣心知」提到了無與倫比的高度。

若配合當時的歷史社會及經濟條件，將可更清楚的掌握整個哲學觀念的變遷。大體說來，清代社會發展至乾嘉年間，人口由原先的二千餘萬激增至二萬萬有餘，至道光年間已增至四萬萬，除了人口激增外，加上商業資本及城市手工業的興盛；前者造成糧食不足，後者造成嚴重的資本兼併，農人因而落入破產之途，中國傳統的政治社會連結方式因之動搖；加上產業革命後的西方，由於成本降低，大量傾銷中國；整個手工業及農村副業皆因廉價商品之輸入而遭受嚴重的沖擊，甚而瓦解。在思想方面，原先强調的「超越的形式理念」亦已空洞而抽象，滿清皇朝祇得以外力强加其上，用更嚴密的政治控制來阻止整個社會的瓦解，並以各種文字獄遂行其思想言論的控制，嵌制讀書人的心靈。如此一來，知識分子更難有廣闊的思維空間。有心之士，又誤以爲那「超越的形式理念」具有無窮的威力，所謂「以理殺人」；其實不是這些「超越的形式理念」以理殺人，而是整個專制皇朝無窮的迫壓以理殺人。當這些有心之士極力清除所謂以理殺人的程朱理學時，並沒有因此即袪除了那來自專制皇朝無窮的迫壓，祇是加速了道德意識的衰頹而已。

換言之，明末清初諸大儒所從事「道德意識的轉進與重建」並未持續發展，在有清一朝，道德意識反而因之滑落、衰頹。整個滑落及衰頹的過程，我們可視之爲形式性原則之被摒斥，而代之以材質性原則。當然這個滑落與衰頹，迭有昇降，極難一概而論，但若總得來說，從戴震强調「血氣心知」之性即是「性」所訂下的原則，到康有爲、譚嗣同做了一個極致的發揮，這時他們已完全走離了「道德人性論」的氛圍，而是一個徹底的「自然人性論」者。

㈠ 戴震

戴震，字東原，安徽休寧人，生於清雍正元年，卒於乾隆四十二年（西元一七二三——一七七七年）。他身兼考據家及思想家，一方面對於古文字及聲韻有深入的研究，對天文、曆算、地理亦有精湛造詣，另方面他對當時盛行的程朱學提出嚴重的抨擊，提出「理存乎欲」的自然人性論。就其考據家一面而言，可以說是承繼著顧炎武「采山之銅」的理路而來的發展，就其自然人性論一面而言，是承繼著王夫之以「氣」爲核心的「歷史人性學」的轉進。值得注意的是，這裡所謂的發展與轉進都隱含著滑轉及陷落的可能。換言之，戴東原可以視之爲整個清代哲學的轉捩點，甚至可以說是邁向現代哲學的重要轉捩點。戴震毫不隱晦而平舖直敘的承認了「人生而後有欲、有情、有知，三者，血氣心知之自然也」（《孟子字義疏證》），「血氣心知，性之實體也」（《孟子字義疏證》）。欲、情、知都是自然的「性」，顯然地，「性」不再是程朱義下「性即理」的「性」，而是「自然的人性」。「性」不再是先天的道德本性，而是天生的自然本性。這顯然是對「性」之形上實體的解構，在這種情況下，他所解釋的孟子也就有一番新義了。戴震說：

> 「所謂惻隱，所謂仁者，非心知之外，別有物藏於心也。己知懷生而畏死，故怵惕於孺子之危，惻隱於孺子之死。使無懷生畏死之心，又焉有怵惕惻隱之心？推之羞惡、辭讓、是非亦然。……古聖賢所謂仁義禮智，不求於所謂欲之外。」（《孟子字義疏證》）

戴氏將心之四端，直視爲「己知懷生畏死」的擴充表現，而理原是存於欲的。「有欲而後有爲，有爲而歸於至當之不可易之謂理，無欲無爲，又焉有理？」（《原善》）。顯然地，戴氏幾乎不再重視道德的形式性原則，而祇著眼於材質性原則，而且以爲此材質性原則即已涵蘊了形式性原則。他强調「材質者，性之所呈也」，「血氣心知，性之實體也」，這分明是以自然爲性。他又區分此「性」有其欲、有其德，「性之欲，其自然也」、「性之德，其必然也」。所謂的「自然」是「散之見於日用事爲」，所謂的「必然」是「約之各協於中」，「知其自然，斯通乎天地之化；知其必然，斯通乎天地之德」（《孟子字義疏證》）。戴震將「天理」、「人欲」視爲同出一根，這比起船山的「理欲合一論」更爲徹底。這分明與朱子所謂「天理人欲不能並立」、「天理存則人欲亡，人欲勝則天理滅」的說法迥然相違，是絕對而對立的兩個讎敵。

戴震之所以特別强調「道德的材質性原則」而貶抑「道德的形式性原則」這與其所覺察的社會文化的一般現象有密切的關連性，他痛心的說：

> 「尊者以理責卑，長者以理責幼，貴者以理責賤，雖失，謂之順。卑者、幼者、賤者以理爭之，雖得，謂之逆。於是下之人不能以天下之同情，天下之同欲而達之於上。上以理責其下，而在下之罪，人人不勝指數。人死於法，猶有憐之者，死於理，其誰憐之。」（《孟子字義疏證》）

「理」原是人間世的依準，是作爲人與人互動溝通中管理的「禮」之基礎，依儒家本義是本乎性情，是由此性情而邁向「人格性道德連結」的途徑。但在戴震所覺知的社會文化之一般現象則全然與此背反。「理」成了尊長及權貴迫壓一般百姓萬民的工具，「理」成了「宰制性的政治連結」的工具。在這種情況之下，中國傳統社會所强調的「血緣性的自然連結」也異變成迫壓與嵌制人民的工具。戴震意會到此問題的嚴重性，他發現「挾其勢位，加以口給者，理伸；力弱氣慴，口不能道辭者，理屈」、「其所謂理者，同於酷吏之謂法。酷吏以法殺人，後儒以理殺人，浸浸然捨法而論理，死矣，更無可救矣！」（《戴震集》〈與某書〉）。的確，當時「以理殺人」是一個嚴重的現象，戴氏極力摒斥之，是極爲難得的。不過，問題是戴氏似乎將此視爲思想觀念層次所產生的弊病，而忽略了此更爲根深蒂固的是一制度結構的問題。由於帝皇專制，宗法社會的一體化結構，使得「宰制性的政治連結」成爲一切管控的核心，使得「血緣性的自然連結」成爲不可邁越的網絡，在這種情況之下，儒家所强調的「人格性道德的連結」疲軟乏力，而程朱所提的道德形式性原則，一方面空洞化、抽象化，另方面則被灌注進了政治的宰制性及血緣式的社會宰制性，遂成了「以理殺人」的局面。批評「以理殺人」是恰當的，但要認識是那些「以理殺人」的因子，然後剝除之，並不是把「理」剝掉就能了事的；而且往往因爲剝除了「理」，使得文化陷入頹靡不堪的地步。戴震之批評「以理殺人」，而强調「血氣心知」即是性，這並未瓦解「以理殺人」的底座，反而瓦解了中國文化傳統的超越性，使得形上之理解構了。當然形上之理的解構正是整個政治體制及社會結構瓦解與重建的必要手續。祇不過由於外力性的入侵日甚一日，使得中國民族陷入急迫的窘境，喪失了溫和而漸進的機會。

(二) 龔自珍、嚴復

戴東原摒斥了程朱理學，而高揚血氣心知的自然人性論，隨著世代的發展，西風的東漸，滿清皇朝益形飄搖，中國的有志之士莫不亟力尋求各種拯濟的可能。總括各種不同的拯濟方式，卻可以概略的看出他們對於世界圖像有著共同的認知，而這些認知大體上是順著戴氏所提「自然人性論」更進一步的發展。當然思想的發展不是單線的，而是多面的交結、辯證與衍伸，在清代中葉以後，由於形上之理的一元獨統已漸形解構，因而隱伏於中國文化深處的各個支流脈絡，逐漸浮現出來，甚至可以說百花齊放，萬壑爭流。任何一個作爲改革者，拯濟者的中國知識分子便置身於此衰世但卻又活絡的思想氛圍中，依其時代的需要，因其個人的性情，自有取捨。如龔自珍（號定菴，浙江仁和人，生於清乾隆五十七年，卒於道光廿一年，西元一七九二——一八四一年）一方面究心經世之務，突破了乾嘉考據的藩籬，而接受了今文經學派《公羊春秋》的觀點；另方面則採擇了佛教天台及宋明心學的傳統，將宇宙人生的動源歸結於「心之本體」，對於人之爲人的主體能動性，大力掘發。他所謂「心尊則其官尊矣；心尊則其言尊矣。官尊言尊，則其人亦尊矣！」（《尊史》）。值得注意的是，他所謂的「尊心」是在自然人性論的前提之下立言的。這裡所謂的「心」就不祇是一抽象的心，而是一具體的、活生生的心；是走出了宋明儒「實體化的主體性」那樣的心，而較接近於「存在的主體性」這樣的心。正因如此，他一方面尊心而另方面亦尊情。再者，因爲他仍是一自然人性論者，所以基本上仍屬「性無善無惡論者」，他儘管注意了人的存在性及主體的能動性，但卻不是以性善論爲歸依的。

今文經學派原所隱含的三世說，隨著新時代的來臨及西方思潮（尤其達爾文的進化論）的沖擊，成了一套有生命力的進化哲學，而此正相應於中國民族改革的要求。正因如此，晚清的復古派不同於乾嘉的考據，而有著另一番新的視野、胸襟與境界。儘管他可能埋藏在「西學源出中國説」這樣奇詭而令當今人士所嘲笑的論題裡。但他們卻是充滿改革動力的，復古之於他們而言即是創新，因爲他們所謂的「古」不是乾嘉諸儒所謂的古，而是一種寓義式的古，一種古爲今用的古。「古」是作爲一個超越的、理想的嶄新典型；「古」並不是一個過去的、歷史的具體實在。當然，這樣的「復古」表面上似乎是以古爲尊，是以傳統爲尊；但事實上卻掏空了傳統的歷史性及具體性，傳統成了一個超越的理想典型，成了一個可以裝填許多嶄新事物的空殼子。於此，我們發現它隱含著所謂「傳統的自我解構」。

「傳統的自我解構」是伴隨著外力性的入侵、社會經濟建制的崩潰而導生出來的。不過所謂「傳統的自我解構」特別强調的是他是來自於自身作爲其解構的動力，他是以自身作爲資源的，這不同於認爲自身一無是處。換言之，「傳統的自我解構」仍然保有解構的自主性，他肯定的要邁向重建。問題是，當「自我解構」的資源不足時，外力性的繼續嚴重入侵，則此「自我解構」便轉而爲「他力解構」，這是一種負面的、否定性解構；面對這種他力的、負面的、否定性解構，原先的「傳統的自我解構」有些則轉化爲如此，有些則强化所謂的傳統，作爲抗爭及抵禦的力量。不過由於長久以來，傳統陷入一自我解構的過程；因此，這時的「傳統」衹是空殼子的傳統，僅管一些現實的既得利益者想借政治力及社會力來鞏固這空殼子的傳統，但明顯地，已欲振乏力。

從龔自珍、魏源、嚴復、譚嗣同我們可以清楚的看到前述謂「傳統的自我解構」的過程。

嚴復，字幾道，福建侯官人，生於清咸豐三年，卒於民國十年（西元一八五三～一九二一年）。他在西元一八九五年，連續發表了〈論世變之極〉、〈原强〉、〈救亡決論〉、〈闢韓〉等四篇文章，對於中國文化傳統猛烈的攻擊，但值得注意的是，在行文當中我們發現儘管他猛烈地批評中國文化，但其資源雖有些是來自西洋，但許多是來自於中國，甚至他亦嘗試著中西融合的可能性。

中日甲午戰爭結束，中國嚐到嚴重的敗績，多年來所推行的「洋務運動」顯然須得好自反省。在這種焦慮苦悶而又亟思一展新局的狀況之中，嚴復以其典雅、暢達，夾譯夾注的翻譯方式，大譯西書，藉此以宣揚其自家的思想，做爲啓導民智、興發民力、喚醒民德的主要心源動力。就因此赫胥黎（T. H. Huxley）的「天演論」（原名是「演化和倫理及其它」（Evolution and Ethics and other Essays）成爲影響中國現代最深廣的一部著作，它是中國現代改革論最重要的心源動力。

嚴復清楚的指出如韓愈所提的「道統說」之謬論，他在〈闢韓〉一文中，指出韓愈的「原道」將道統及政統揉合一處，像這樣的聖人史觀是不合於歷史進化的。事實上，韓愈的確陷入一種「帝皇專制的道德教化」的美夢之中，就此而言，亦與孔孟的「道德教化的政治體制」相違。孔孟所提出的是「民本」，而韓愈於〈原道〉中所支持的則是「君本」。嚴復援引了西方的民主理論，意圖彰顯中國的民本思想，而反擊長久以來的君本思想。換言之，嚴復認爲中國的堯舜孔孟傳統是值得發揚的，而且可以與西方近代的民主思想相合，而韓愈原道所奠立的傳統則是一個保守、僵化不進的傳統。嚴復他搿倒了韓愈的「帝皇專制的道德教化」，他不再以帝王聖君作爲道之大源，他指出道之大源在天，即在衆民。這可看出他想從原始儒家的民本傳統做一轉化的創造而開出民主傳統，他大膽的指出，「國者，斯民之公產也」——這是符合於近代國家觀念的，「王侯將相者，通國之公僕隸也」，這是符合於近代民主觀念的。他想締造的是一「民主政治的教化傳統」。就思想史的脈絡而觀，我們仍可發現嚴復對於民主自由的理解仍嫌不足，他在〈群己權界論〉的譯文中，對於穆勒（J. S. Mill)的《自由論》（On Liberty)有了許多創造性的翻譯，但他無法洞悉所謂的自由是依個體性（individuality)交光互網建立而成的自由，他所著重的是群體性的自由，並且認爲這才是富强的動力。僅管嚴氏仍未真了解所謂的「自由」，但很明顯地，他已走出了民本，他要求的是民主。

如前所述，嚴復除了批判了中國帝皇專制的教化傳統，企求建立一民主政治的教化傳統之外，影響中國當代最深廣的是「天演論」的思想。他說：「達爾文曰，物各競存，最宜者立，動植如是，政教亦如是也」（〈原强〉）。這是將自然界的演化情形，擴充到整個人間界來，明顯地，這正與當時「自然人性論」的思想氛圍不謀而合，亦與「公羊家」這些今文經學派的更革論能拍合一處。

相應於這種「天演論」的思想，在爲學作事的方法上，他强調的是客觀實證，不是主觀體會，是歷史發生學式的思維方式，不是理論邏輯的本質性的思維方式。他對於所謂「先驗」痛加駁斥，他說：「西語阿菩黎訶黎（apriori, 即先驗的），凡不察事實，執因言果，先以一說以概餘論者，皆名此種。若以中學言之，則古書成訓，十九皆然；而宋代以後，陸王二氏心成之說尤多」（《穆勒名學》〈部乙插語〉）。姑不論其所理解「先驗的」一辭有所差謬，但這段話卻十足地表現了他那種「經驗論」及「實證論」的氣氛。

於嚴復大譯西書，使西方近代的思想資源廣布於中國，他摧迫著中國文化傳統望前更革，順此而下，康有爲、譚嗣同諸人展現了極爲奇特的新局面。

㈢ 康有爲、譚嗣同

康有爲，名祖詒，號長素，廣東南海人，生於清咸豐八年，卒於民國十六年（西元一八五八－一九二七年）。早歲深刻的鑽入中國古籍之中，後來又接觸到了西方近代的文化，面對搖搖欲墜的滿清皇朝，他深切體會到要救中國必須要大興改革。他極力的闡發中國古典的學問，並通過一種「古爲今用」的詮釋方式，與當前既有的西方學問及時代要求揉合而創造了一套頗爲博雜的理論體系，但其立論宗旨則是貫串一致的。大體説來，他承繼了戴震以來「自然人性論」的理路，及常州學派的今文經學，並且吸收了天演論及近代西方民主的思潮，而構作了自己的理論體系。這體系以博愛爲本懷，以自然爲宗旨，以進化爲途徑，以大同爲目標。

他將《易經》「乾元統天」的説法，視爲天地之開始，而後又將此乾元解釋成「氣」。他説「元者，氣也。無形以起，有形以分，造起天地，天地之始也」（《春秋董氏學》）。他又説「凡物皆始於氣，既有氣，然後有理；生人生物者，氣也」。（《萬木草堂口説》）。將氣視爲一切存有之第一性，這是自然人性論者的本體論主張，順此主張，他將儒家一切道德所奠立的基礎——「仁」或「怵惕惻隱」這個「不忍人之心」解釋成氣與氣之間的「吸攝之力」。他所謂「有覺知則有吸攝之力，磁石猶然，何況於人？不忍者，吸攝之力也」（《大同書》），即指此。他更用當時的物理學知識，附會的說「不忍人之心，仁也，電也，以太也」（《大同書》）。顯然地，所謂的不忍人之心不是什麼先驗的道德本性，而是天生的自然本性，「人生而有欲，天之性也」祇要順此天生的自然本性去發展就是對的，最後一定可以達致所謂的太平世或大同之治。

康有爲的大同理想是有階段性的，他盛倡「三世之說」，並强調此三世之說是孔子非常大義，他說：

「三世爲孔子非常大義，託之《春秋》以明之。所傳聞世託據亂，所聞世託升平，所見世託太平。據亂者，文教未明也。升平者，漸有文教，小康也。太平者，大同之治，……文教全備也。」（《春秋董氏學》）

由據亂、升平而太平，由文教未明，而漸有文教之小康，直到文教全備的大同之治。這樣的三世之說，成爲當時改革派從事「戊戌變法」的理論張本，民國以後又轉成爲所謂「軍政、訓政、憲政」三階段的政治進步說。顯然地，三世說已不祇是康、譚、梁一派人的想法，它已廣布於清末民初的知識界，成爲當時知識分子的共通見解之一。當然，「三世說」仍祇是個空殼子的架構，不同的意識型態或思想流派所做的運用發揮便有不同。但總得來說，康有爲他是這個空殼架構的重要啓導者。

儘管康有爲的大同思想是有階段性的，他甚至於「三世之說」下，再分別安立所謂的

「小三世」，這在在顯示他那種漸進改革的用心。但問題是，康有爲並未真切的洞悉整個社會結構、政治體制及經濟狀況，他沒有了解人性與廣大而複雜的歷史社會其間的辯證關係。他祇一味的執守著那光凸而纖毫無染的自然人性，以爲此就是真正的人性。他以爲這樣便能徹底的與中國傳統強調超越而先驗的人性論有一徹底的決裂，並邁向一全副的重建。事實上，這樣的論調仍然是一種掛空的、抽象的、空想的人性主張，雖然它對於傳統有著重大的解構作用，但他那一套無種界、無國界，一切界限俱泯於無，強調公妻、共產的怪誕主張，顯然祇是戲論罷了。畢竟在「免苦求樂」的「自然人性（欲）」主張下，康有爲是不可能建立起其大同理想的。事實上，康有爲的大同思想有著空想性的浪漫色彩，而在此浪漫氣息背後則有著一股衝破一切、粉碎一切的悲劇氣息，以及崇古、溯古的頑固氣氛。其同時代的譚嗣同「衝決網羅」，以自然的生命體現了前者，而後者正是戊戌政變以後，尤其民國成立之後，康有爲所體現的情況。在年少氣盛時，以其昂揚不屈的自然人性，衝破一切，粉碎一切，豐姿甚美，及至垂暮之年，眼見天崩地坼，蕭條淒涼，不免尋求精神依托，正因如此，許多清末的啓蒙者竟成了民初的蒙昧者，早年猛批傳統，毫不留情，晚年酷愛傳統，流連難捨，康有爲如此，嚴復如此，這或許是時代的限制罷！

譚嗣同，字復生，號壯飛，湖南瀏陽人，生於清同治五年，卒於清光緒二十四年（西元一八六五—一八九八年）。譚氏以其切身之體驗對綱常名教，大致其詰疑；更而發現此最嚴重之困結乃在於「君臣之倫」。他說「二千年來，君臣一倫，尤爲黑暗否塞，無復人理」，由於「君臣之禍亟，而父子，夫婦之倫，遂各以名勢相制而爲當然矣」（《仁學》），譚氏洞悉了「宰制性的政治連結體」之爲獨大，而正因如此將中國傳統所强調的父子、夫妻（及至兄弟）之倫，這樣子的「血緣性的自然連結體」都異變成「各以名勢相制爲當然」。無疑地，就此而言，譚氏是極富洞見的，他發現由於帝制式儒學的高張，使得儒家所隱含的生活性及批判性變得隱晦難明、衰頹不彰。在譚嗣同的《仁學》大著中，我們發現他欲衝決這些血緣性的自然連結方式以及宰制性的政治連結方式，而企求以一種嶄新的連結方式，締造新的社會。

在思想上，譚嗣同充滿著革命的精神，但是在實際行動上，他卻因各種機緣所致，使得他成爲一個改革論者。一般說來，他參加了戊戌變法，成爲「衝決網羅」，見證其理念的犧牲者；但卻又夾雜著對於「聖君」的嚮往，陷入其所欲衝決的君臣網羅之中。這種弔詭，一方面反映著時代的限制，而另一方面則反映著許多改革論者生命的內在矛盾性及悲劇性。

從思想觀念的發展來看，譚嗣同可以視爲從明末清初的啓蒙思想家（尤其是王船山及黃宗羲）及清代中葉的戴震這一系絡發展的總結，在本體論上，强調「氣」的首出性，而所謂的「氣」就是心力。在道器關係上，强調器物的優先性，認爲「無其器則無其道」，在人性論上，强調能衝決任何名教網羅的「仁」最爲根本，而所謂的「仁」即是那本體的心力。顯然地，這是自然人性論發展的極致，他徹底的要瓦解其所對反的理學系統。譚氏這種「衝決網羅」的否定精神，的確對既有的傳統充滿著嚴重的解構作用，但值得注意的是，這否定性的力量卻又來自於傳統本身。我們可將之視爲「傳統的自我解構」之總結，他是邁向「傳統的他力解構」（徹底的反傳統）的關鍵人物，也是「傳統解構之重建」的轉捩點。以後的反傳統論者繼續其解構之路，以後的傳統論者則吸收了他的哲學論點，重新開發了傳統，以求對於徹底反傳統主義者的克服。

簡要的概括譚嗣同《仁學》的命題，可表之爲「仁——通——平等」。「仁——通——平等」一方面指出「仁」這樣的「以太」才是真正的實在，而另方面則指出人的實踐準則，這仍可將之視爲自然人性論的極致發展。他在理論的構造上與康有爲儘管有些不同，但實踐的旨趣上卻極爲相近，都帶有空洞性及空想性，而之所以如此，都是因爲他們並未真切的了解人性與廣大歷史社會之間的辯證關係，而祇一味的論定人性的本質是什麼；並且相信祇要指出了人性的本質是什麼就可以導生一主體能動性的實踐力量，去摧破不合理的現實狀況，另締新局；但事實上並不如康、譚諸人想得那麼容易。康、譚之所以如此想問題乃因爲長久以來的中國文化底座（包括帝皇專制、宗法社會及小農經濟）是頗爲靜止的，在靜止的文化底座下思考問題，極自然的會以爲在本質上做了什麼更革，便可以處理整個問題。儘管康、譚諸人亦體會到他所處的時代是中國文化底座已動搖不堪的時代，但在思維方式仍受限於傳統，這是值得我們注意的。事實上，這種本質論式的思維方式是整個中國民族要邁入現代最當克服的敵人。他不但遍布於清末，而且延至民初，直到現在它仍然是具有宰制性的思維方式。如前所述，不管是繼續其解構之路的反傳統主義者，或者吸收譚氏哲學論點，重新開發傳統以求立大本的傳統主義者都分受著這種本質論式的思維方式。前者以爲唯有在本質上徹底的對傳統解構，才可能迎取新的本質，後者則以爲唯有樹立起一具有傳統性格的本質，才能容納新東西。問題是「本質」的樹立是歷史社會之總體之累積，不是通過言說系統，論斷該當有如何的思想就能了事的。

四 結語

通過了上述的回顧與釐清，我們可以清楚的發現清代哲學觀念之發展並没有順承明末清初的啓蒙曙光望前推進，而之所以如此，最主要的原因是中國長久以來所强調的宰制性的政治連結，在清朝更佔有絶對性的優勢，他通過軟硬兼施、恩威並濟的各種方式來樹立其至高無上的威權。在這種情形下，中國傳統文化中所强調血緣性的自然連結，亦祇能成爲此絶對宰制性的政治連結下的工具罷了。血緣性的自然連結一旦不能以其自身，如其自身的存在，而異化成「工具」則它便異變成一帶有嚴苛的宰制性之物。如此一來，倫常親情，一方面祇是空洞的名號，另方面卻又夾雜著外力的迫壓，使得它完全背離了自身的原則。再者，而儒家最强調的「人格性道德的連結」，大體上成了祇是口號，或者亦成修飾宰制者的化妝品罷了；令人可懼的是，它亦成了宰制者用來嵌制人們心靈的工具。

這樣的背景之下，不甘心作爲工具或奴隸的思想者開始重新去面對傳統的經典，意圖突破層層宰制。當然他們囿於時代的限制，並未真正解構一切宰制的核心——以宰制性的政治連結爲核心締造成的專制皇朝。他們往往著重於思想或觀念體系的解構，他們總以爲在思想觀念上能做一本質性的扭轉與開出，那一切問題將可迎刃而解。這種整體論式的（本質論式的）思考方式，可以說是長久以來的中國傳統文化之積澱所造成的，即如這些對傳統頗有異議及批制的啓蒙思考者都難免於此。

若就存有論、人性論等角度來做一番審視的話，清末民初，顯然地是明末清初那一點啓蒙曙光的延續；但由於所面對問題的不同，使得他們對於此啓蒙曙光的延續，有著極爲不同面向的轉進。如前所說，明末清初的啓蒙曙光是傳統的調適與轉進，因此他們對於整個傳統文化所積澱而成的倫理精神象徵仍然確信不疑，儘管他們注意到了「形器化的原則」或「材質性的原則」，但他們仍以「道」做爲永恒的歸依，「形式性原則」依然有其確立不移之地位。清末民初的思想家面臨的是在西風東漸，列強環伺下如何拯濟國族的危亡。他們面臨的是比明末清初更爲赤裸的生命延續的問題，這比文化慧命更爲低層次，但卻更爲根本的問題。又由於上述各種因由，使得中國的倫理精神象徵漸形的瓦解，形式性原則成了僵化的教條，成了固閉中國民族生機之物；因此，有志之士便勠力的去瓦解此形式性原則。形式性原則的瓦解及材質性原則的做主，使得中國民族陷入一種文化貧弱狀況下的生命奔放。否定性的力量竟然成爲帶動中國子民找尋新出路的先知，但由於否定性是盲目的，無自我同一性的，故而中國自清末民初以來便陷入嚴重的迷失之中。總得來說，這種迷失狀態是「反傳統主義者」以及「傳統主義者」所共有的心靈狀態，它是中國思想文化陷入極端貧弱的最主要因由。

五、結語：一個前瞻性的省思

本文在開首之出，指出了儒學有三大面向：生活化的儒學、批判性的儒學及帝制式的儒學。這一方面是想通過類型學的方式去爲整個中國傳統的儒學做一輪廓式的素描，而另方面是想經由這方式來彰顯中國近現代哲學的可能特質。顯然地，明末清初的中國哲學極力的要去擺脫帝制的限制，他們或多或少對於宰制性的政治連結有所體察，或許他們將此轉而爲對於伴隨此宰制性的政治連結而來的理論體系大致攻詰及批駁，但這在在可見他們對於儒學的生活化（生化活化）及批判性重建的努力。

即使清代的學者（尤其在清代中葉以後），亦有極大部份不願在帝制式的儒學的全面管控下做餖飣考據之功，他們深刻的對足以作爲帝制式儒學的各種意識型態展開批判。儘管他們仍然有所囿限，而且又導致了中國傳統的倫理精神象徵之瓦解，但我們卻可發現這是難以避免的，中國似乎必須接受這種瓦解的痛苦，克服此意義的危機，才得再造。換言之，從戴東原、龔自珍、嚴復、康有爲、譚嗣同這一長串的過程，正顯示中國民族面臨內憂外患、生死存亡的考驗，從瓦解到否定，雖難免負面的力量居多，但它卻是邁向未來的過渡階段。

如前所述，我們將自明末清初以來的哲學發展，視爲「道德意識的轉進與重建」，這是對於宋明儒學「道德意識的確認」所帶來「超越的形式理念」及「實體化的主體性」之限制的進一步揚棄。從歷史的觀點看來，這一步揚棄是伴隨著整個經濟的、歷史的、社會的條件而展開的。這樣的啓蒙曙光是從中國傳統中綻放出來的，它不是外力强加於其上造成的。這個思想史上的事實可以提供給當前有關「傳統與現代化」的爭論一個決定性的方向。對於傳統究竟是單元還是多元，亦因而會有一較恰當的理解。

當然所謂「道德意識的轉進與重建」是一個極爲龐大而艱辛的歷程。就明末清初，尤其清代的轉折與陷落，使得儒學雖走出了「超越的形式性」及「實體化的主體性」，但卻又掉入一種「材質化的主體性」之中。再者，滿清皇朝的宰制勢力又使得程朱理學所强調的「超越的形式性」異變成一僵固的、教條化而具宰制性的形式。事實上，「材質化的主體性」之强化的主體性「宰制化的形式性」相互抗持，是一體之兩面；這正類似「超越的形式性」與「實體化的主體性」之爲一體兩面。

「宰制化的形式性」使得中國傳統一切倫理精神象徵成了空殼子，但它仍夾雜著現實的勢力，而彰顯著他那强勁的身段；「材質化的主體性」伴隨著「宰制化的形式性」之前展而日漸張狂，它成了徹底的瓦解力量、否定性的極致；但他又夾雜著愛國族救國族的情操，而彰顯著他那神聖的理想。這些糾纏一處的情結及理緒，使得中國截至目前爲止，仍處於夢魘之中。

儘管中國近代以來的夢魘仍然未醒，但自民國成立以來，各種思想更是百花齊放，萬壑爭流。他們大體上雖亦難脫「宰制化的形式性」及「材質化的主體性」這兩個範疇之涵蓋；但我們卻可發現許多思想者都極力的撞擊著這兩個範疇，做更深刻的哲學反思。

歷史的進步有時是緩慢的，但有時卻是飛躍的；中國這近百年來的哲學思想，看似熱鬧豐碩，實則貧瘠乏力；但它卻給了我們指出一個新方向。當然未來的問題，不再祇是如前賢般的要求走出「超越的形式性」及「實體化的主體性」之藩籬；而是更進一步，要徹底的瓦解「宰制化的形式性」，讓我們重新去體會中國的當代精神及古典智慧，再造一具有創造力的形式性；由這「創造力的形式性」之締造過程，才能使得「材質化的主體性」順著歷史社會的條件有一調適而上遂的轉化與成全，成就一「結構性的主體性」。換言之，「道德意識的轉進與重建」指的是對於「宰制型理性」的揚棄，而企求一「溝通型（或互動型）理性」的誕生。

第二章　「正統論」的瓦解與重建

——以王船山人性史哲學爲核心的理解與詮釋

提要

從歷史上可知，「正統論」之爭常與「王霸之辨」、「天理、人欲之分」及「華夏、夷狄之辨」綰結成一個整體，它們常常被認爲是一個知識分子的大是大非所在，不容篡竊，但卻又充滿著被篡竊的可能。本文將指出船山通過其獨特的人性史哲學的立場，深入歷史的史實去探索，瓦解了「正統論」的「論」與「統」，並由之而歸返於「正」，再由此「正」而重建一「正統」，再由是而締造一具有說服力的「正統論」。船山以其獨特的「兩端而一致」思維方式，來重建他的正統論，因而擺脫了一元論的思維模式，而另立「道統說」與「治統說」來重建一較爲恰當的正統論。

依船山看來，「儒者之統」與「帝王之統」是「並行」的，他們是一對列之局下的存在，而不是一隸屬之局下的存在。「儒者之統」不但獨立於帝王之統以外，而且當成爲「帝王之統」的超越指導原則。如船山所言「無所承，無所統，正不正存乎其人」——這是說必須由政權本身的正當性做爲基礎，如此才可能成爲一具有賡續性及廣袤性的總體，這樣才能成爲一眞具有正當性的正統論。

一、問題之緣起

「正統論」這樣的一個詞，一直在中國歷史上發生著奇特的作用。起先，它爲的是編年之任務，定要尋出個正統來。再者，它不只是做爲史書編年之所必要者，而且是做爲一個政權或一個朝代生存的理論基礎。我們或許可以換個方式來理解，如前者所謂的「正統論」偏在紀元上說，此可以視之爲史書編纂的方法，是屬於方法論層次的；而後者則涉及於整個生存的理論基礎，這可以視之爲存有論層次的。當然，這兩個層次並不是截然劃分的，它們有其互動的關聯，而且它們的問題一直衍伸到其他諸層次，頗值得我們注意。❶

❶ 如饒宗頤教授在〈中國史學上之正統論〉一文中所說「中國史學觀念表現於史學史之上，以『正統』之論點，歷代討論，最爲熱烈。說者以爲起於宋，似是而實非也。治史之務，原本春秋，以事繫年，主賓臚分，而正閏之論遂起。歐公謂『正統之說始于春秋之作』是矣。正統之確定，爲編年之先務，故正統之義，與編年之書，息息相關，其故即在於此也」。請參見饒宗頤《中國史學上之正統論》，〈通論〉，頁一，宗青圖書公司印行，民國六十八年十月，台北。

大體說來，中國儒家型的知識分子在史學上常有所謂的正統論之爭，而在政權上則有王道、霸道之辨，在人性論上則有天理、人欲之分，在文化傳承上則有華夏、夷狄之辨。這些面向各有其獨立性，但卻又綰結成一個整體，它們常常被認爲是一個知識分子的大是大非所在，不容篡竊。更值得我們留意與關心的是既被認爲是一個知識分子的大是大非所在，不容篡竊，這並不就意味著在歷史上無所篡竊，相反的，它卻有著更多的篡竊可能。這裡我們可以發現到一個弔詭的事實，那就是當人們運用言說表達來分別所謂的道理時，一旦此言說表達的系統當它成長到某一個程度，極可能與現實的情形糾葛難分，而且極可能產生嚴重的篡竊情形。這時候，原先的那個表達的系統便逐漸失去其效力，而相待而生的則是一掃除此言說表達的瓦解性力量，這樣的瓦解性力量，乃是締造一嶄新的言說表達的起點。船山對於「正統論」的批判，正體現著這樣的精神，而且也爲中國文化的傳承扮演著一定的角色。

如同前面所說的，船山對於「正統論」的瓦解與批判，它是與其對於整個宋明理學的批判若合符節的。船山對於「天理、人欲」問題的理解與宋明理學家頗有異同，一樣的，對於王霸之辨，華夷之別，一樣都有不同的理解。❷本文將只著重於他對於「正統論」的批判，而其他的論點，則以隨文點示的方式，支援全文的論點。

---

❷ 關於「天理」、「人欲」以及華夏、夷狄之辨等問題，筆者曾有所論略，請參閱林安梧《王船山人性史哲學之研究》一書，第二章、第三章。又本文所論亦多採自該書〈附錄二〉「船山對傳統史觀的批判」第二節「對『正統說』的批判及『治統說』、『道統說』的建立」。該書於一九八七年九月由台北東大圖書公司出版，一九九一年二月再版。

二、正統論：「論」之瓦解與「統」之歸「正」

船山之破斥正統論，這並非船山不重視「統」，不重視「統」之「正」「不正」；相反的，正因爲他極重視「統」，極在意「統」之「正」「不正」，因此，他要破斥歷來御用的正統說，破斥那些亂臣賊子自立的正統說。他說：

「論之不及正統者，何也？曰：正統之說，不知其所自昉也。自漢之亡，曹氏、司馬氏乘之以竊天下，而爲之名曰禪。於是爲之說曰：必有所承以爲統，而後可以爲天子。義不相授受，而強相綴繫以揜篡奪之跡；抑假鄒衍五德之邪說與劉歆曆家之緒論，文其詖辭；要豈事理之實然哉？」❸

顯然地，船山並未去追溯正統之說何自而來，只是籠統的說「正統之說，不知其所自昉也」，但他所關切的則是一歷史上假借正統而篡竊的史實。❹他指出歷史上一般所謂正統論的實際狀況，依他看來，正統論的迷霧是這樣造成的——㈠義不相授受，而強相綴繫以揜篡

❸ 見《讀通鑑論》卷末，〈敘論一〉，河洛版，頁一一〇六。

❹ 饒宗頤以爲此正統之說當起於春秋，而趙令揚則以爲起於鄒衍五德之說。前者參見同❶，而後者則見之於趙令揚著《關於歷代正統問題之爭論》一書，頁四，台灣影印版，出版處所不詳。

奪之跡。㈡假鄒衍五德之邪說。㈢託劉歆曆家之緒論。這裡王夫之指斥了正統論的迷霧，同時他也隱約的說明一個更深切的問題——中國歷史傳統講求「正統」所代表的意義，他釐清如何是「統」，又進一步闡明其「正」與「不正」。船山說：

> 「統之爲言，合而併之之謂也，因而續之之謂也，而天下之不合與不續也多矣！蓋嘗上推數千年中國之治亂以迄於今，凡三變矣。當其未變，固不知後之變也奚若，雖聖人弗能知也。……夫統者，合而不離，續而不絕之謂也。離矣，而惡乎統之？絕矣，而固不相承以爲統，崛起一中夏者，奚用承彼不連之系乎？」❺

在此，船山對「統」做了清楚的定義——合而併之（合而不離），因而續之（續而不絕）。前者是空間性的定義，而後者是時間性的定義，換言之，所謂的「統」指的是整個民族其所據之疆域有一共同的向心力——即俗稱的天下太平，還有歷史上是賡續不斷的。但經由船山的考察中國歷史上的治亂迄於今（明末）已有三大變化，而根本離矣絕矣，那來的「統」呢？換言之，一般所謂的正統之統，即使我們不論他們當溯自此「正統之正」，而不是此「正統之統」，我們就此統之爲統，它仍然是不能成立的。其不能成立是一個事實的問題，此不能從人們之强加附會而欲構成一强大的言說結構（即所謂的「論」），而可以假造

❺ 見《讀通鑑論》卷末，〈敘論一〉，河洛版，頁一一〇七。

此「統」。船山更言中國歷史上的三大變化是這樣的——

「蓋嘗上推數千年中國之治亂以迄於今，凡三變矣。當其未變，固不知後之變也奚若，雖聖人弗能知也。商周以上，有不可考者，而據三代以言之，其時萬國各有其君，而天子特爲之長，王畿之外刑賞不聽命，賦稅不上供，天下雖合而固未合也。王者以義正名而合之，此一變也。」❻

「湯之代夏，武之代殷，未嘗一日無共主焉。及乎春秋之世，齊晉秦楚各據所屬之從諸侯以分裂天下，至戰國而強秦，六國交相爲從衡，赧王朝秦，而天下並無共主之號，豈復有所謂統哉？此一合一離之始也。」❼

「漢亡而蜀漢、魏、吳三分；晉東渡，而十六國與拓拔、高氏、宇文裂土以自帝，唐亡，而汴、晉、江南、吳越、蜀、粵、楚、閩、荆南，河東各帝制以自崇。土其土，民起民，或跡示臣屬而終不相維繫也，無所統也。」❽

在船山的人性史哲學中，歷史是變化的、遷移的，而人性亦是變化的、遷移的，所謂

---

❻ 同上註。
❼ 同上註。
❽ 同上註。

「命日降、性日生日成」、「未成可成，已成可革」⑨，但這並不意味說歷史就沒有一個判準，人性就沒有一個判準。相反的，在船山的人性史哲學中，一方面注意及「相乘之機」，但另方面則又注意及「貞一之理」。⑩相同的，船山雖對於「正統論」有所駁斥，但他心中並不是沒有個「統」，他仍然關聯著《春秋》來談「大一統」，而這樣的統必得以正不正為基礎。船山說：

「有離有絕，固無統也，而又何正不正耶？以天下論者必循天下之公，天下非夷狄盜逆之所可尸，而抑非一姓之私也。……若夫立乎百世之後，持百世以上大公之論，則五帝三王之大德，天命已改，不能強繫之以存。故杞不足以延夏，宋不足以延商；……故昭烈亦自君其國於蜀，可為漢之餘裔；而擬諸光武，為九州兆姓之大君，不亦誣乎？充其義類，將欲使漢之今存而後快，……天下之大防已亂，何統之足云乎？無所承，無所統，正不正存乎其人而已矣。正不正，人也；一治一亂，天也。……」⑪

顯然地，船山清楚的知道：「統」若為一空間廣袤、時間綿延的觀念來說，則歷史之統

⑨ 關於此，船山於《尚書引義》，〈太甲二〉，論之甚詳，請參見該書頁五五－五六，河洛圖書出版社印行，一九七五年，五月。並請參閱林安梧，前揭書，第三章「人性史哲學的人性概念」。

⑩ 見王夫之《讀通鑑論》卷二，〈漢文帝〉，河洛版，頁五〇。

⑪ 見王夫之，前揭書，卷末，〈敘論一〉，河洛版，頁一一〇八。

已不成爲統。但不談統，仍宜談個「正不正」的問題，所謂「無所承，無所統，正不正存乎其人而已矣。」換言之，假若有所統的話，繫乎人之正不正，而不是在歷史系譜上找掛鉤，在歷史系譜上找掛鉤是沒有什麼意義的。或者，我們與其說船山瓦解了「正統論」，毋寧說他以一種瓦解的方式重建了「正統論」。因爲他著重點在於指出歷史的史實，去瓦解俗流之「論」，並指出「統」（合而不離、續而不絕）是不合史實的，進而以這樣的瓦解的方式歸返於「正」，而再由此「正」去重建所謂的「統」，如斯始成爲一真正的「正統」，亦因此才使得這樣的言說論述結構成爲一具有說服力的論述結構，正統論因之始得以成立。

三、由「兩端而一致」到「道統說」、「治統說」之建立

如上所說，可見船山之破斥「正統論」不祇在於瓦解，而是在於重建。值得注意的是，船山的重建並不囿限在原來的一元論的格局中，而是以其極爲獨特的「乾坤並建」，或者說是「兩端而一致」的思維方式，來重建他的正統論。[12]這時候的正統論就不再祇是以「正統

---

[12] 這裡所謂的「乾坤並建」是船山易學的主張，這樣的主張通貫其所有的著作中。「兩端而一致」則是更爲精確的一種宣示方式，我們在這裡可以把它理解成船山獨特的思維方式。這樣的思維方式雖不是一般所謂的一元論，但明顯的也不是一般所以爲的二元論，而是「對比而辯證形成一個具有發展能力的總體」這樣的一種思維方式。關於此，請參見林安梧《王船山人性史哲學之研究》一書，第四章「人性史哲學的方法論」，第四節「『兩端而一致』對比辯證的思維模式」，頁八七－九五，東大圖書公司印行，一九九一年二版。

論」一名稱之了，而是以「治統」與「道統」這兩端，而說其如何的兩端而一致，而來重建他心目中的「正統」。當然，「正」與「不正」的分辨在整個論述過程中，仍然是首出的。船山他緊扣著正不正的觀念，另立治統說與道統說。他說：

「天下之極重而不可竊者二：天子之位也，是謂治統；聖人之教也，是謂道統。治統之亂，小人竊之，盜賊竊之，夷狄竊之，不可以永世而全身，其幸而數傳者，則必有日月失軌，五星逆行，冬雷夏雪……天地不能保其清寧，人民不能全其壽命，以應之不爽。道統之竊，沐猴而冠，教猱而升木，尸名以徼利，爲夷狄盜賊之羽翼，無文致之爲聖賢，而恣爲妖妄，方且施施然謂守先王之道以化成天下，而受罰於天，不旋踵而亡。」[13]

治統說指的是政治的統系，而道統說指的是文化的統系。依王夫之看來，所謂的「天子之位」和「聖人之教」都是不容小人、夷狄、盜賊篡竊的，即使篡竊到手也一定爲天地不容，會被人民推翻的。而就治統和道統兩者而言，道統更爲根本，因爲「帝王之興，以治相繼，奚必手相授受哉？道相承也」。[14]治統是要依準於道統的。治統由於一治一亂，故有斷有續，但終賴道統之綿延不墜。船山所謂的治統並不是將歷史上任何朝代的政治系絡聯綴起

[13] 見王夫之，前揭書，卷十三，〈東晉成帝〉，河洛版，頁四〇八－四〇九。
[14] 見王夫之，前揭書，卷二十二，〈唐玄宗〉，河洛版，頁七八〇。

來就算數了，他建立了一套「治」的價值評準，在這樣的評準之下才有所謂的治統，他以爲：

「德足以君天下，功足以安黎民，統一天下，治安百年，復有賢子孫相繼以飾治，興禮樂，敷教化，存人道，遠禽獸，大造於天人者不可忘，則與天下尊之，而合乎人心之大順。」⑮

像這樣才可以稱得上「天子之位」的治統。依王船山看來，中國歷史上能被列入治統的則有商、周、漢、唐、宋、明六個朝代，這六個朝代大致說來，不但建立了全國統一的政權，政治開明，文教發達，社會亦安定，且普受百姓愛戴的朝代。他說：

「商周之德，萬世之所懷，百王之所師也。祚已訖而明禋不可廢，子孫不可替，大公之道也。……漢祖滅秦夷項，解法網，薄征徭，以與天下更始，略德論功不再湯武下矣！……唐掃群盜爲中國主，滌積重之暴政，予兆民以安，嗣漢而興，功亦與漢埒等矣！」⑯

「唯漢捨秦而崇殷周，獨得三代之遺意焉！……爲中國之主，嗣百王而大一統，前有所

---

⑮ 同上註。

⑯ 見王夫之，前揭書，卷二十二，〈唐玄宗〉，河洛版，頁七七九－七八〇。

承，則後有所授。沛國之子孫若手授之隴西，隴西之子孫，若授之天水，天水之子孫若授之盱眙，所宜訪求其嫡系，肇封公侯，使修先祀，護其陵寢，以正中夏之大緒。」[17]「帝王之受命，其上以德，商周是已；其次以功，漢唐是已。……宋無積累之仁，無撥亂之積，乃載考其臨御之方，則固宜爲天下君矣！……是則宋之君天下也，皆天所旦夕陟降於宋祖之心而啓迪之者也。」[18]

從上述這些話，我們可知船山是從德、從功等角度關連起來說治統的。即如宋太祖之及不上這裡所說的「德」與「功」，但卻也因能以其惻悱不容自寧之心，怵然而不昧，故勃然而興，成爲一世之君，開啓了太平基業。宋太祖以其能懼也，由此「懼以生慎，慎以生儉，儉以生慈，慈以生和，和以生文」[19]。不論是「德」、「功」或者是「懼」，這在在顯示船山極注重將所謂的歷史關聯於人性來做一深度的闡釋，他以爲歷史乃是一人性的歷史，須得由人性的判準才能穩立所謂的「人性史」，而中國族群之爲中國族群便應在此人性史的範疇之下開啓。因之，他排斥了秦和隋作爲治統之一，因爲如船山所見「秦起西戎，以詐力兼天下，蔑先王之道法，海內爭起，不相統一，殺掠相尋，人民無主」，而「隋氏始以中原族姓

[17] 見《噩夢》，收入《黎洲船山五書》，頁四四，世界書局印行。
[18] 見王夫之《宋論》，卷一，〈宋太祖〉，頁二〇，金楓出版社印行，一九八六年，十二月，台北。
[19] 見王夫之《宋論》，卷一，〈宋太祖〉，頁二二，金楓出版社印行，一九八六年，十二月，台北。

一天下，而天倫絕，民害滋」[20]秦和隋在外表上雖亦大一統，但就德及功的角度看來，放到歷史脈絡中去理解，它們是當不起「治統」中的一員的。

連秦、隋都不能放入治統，其他夷狄的朝代，譬如元朝（事實上，船山常以宋、元的對比來說明、清，故一談元代，實暗指清代），船山當然將之列入亂世之中。在船山的史論中，一再的以一種對比的方式說出華夏夷狄是異類的，甚至用君子和小人，甚至是人和禽獸這樣的對比的方式來宣稱它。他的華夏夷狄論不僅從文化層面說，更從地理形勢、天文氣候乃至產物經濟等層面來說出二者是迥不相侔的。這些話語令人覺得大部分是意氣之言，難成真理。但問題是如果我們這樣批評船山那顯然忽略了他的時代背景。國族危亡，異族入侵，地圻天崩之時，船山强烈的實踐意識，使得他作出這麼深情的呼籲，筆者以爲意氣之言固是意氣之言，但卻有一種民族主義實踐的真情在，船山所服膺的道理常是以民族主義作爲其基礎的。因此，他激情的呼喊著「可禪、可繼、可革，不可使夷類間之」[21]這難免有他的限制，但如恰當的理解，其道理的光輝是不容減殺的。

如上所說，「治統説」之於以前的「正統説」著實有許多啓蒙和進步的意義，但明顯的治統説的根本格局仍然是「家天下」的。相較於黃梨洲的《明夷待訪錄》的〈原君〉，的確船山是保守的，他並没有省察到權力根源的究極問題。筆者以爲這是因爲黃梨洲是經由一超

---

[20] 同[16]。

[21] 見《黃書》，世界書局版《梨洲船山五書》，頁三。

越的追溯法，而一切回到所謂的源頭，因而得以省察權力根源的究極問題。當然，黃梨洲之超越的追溯法難免又帶有許多復古論的色彩。王夫之所用的不同於梨洲的超越的追溯法，而是較接近於一歷史的曠觀法，識其機微、察其理勢，他著重的是歷史的流變，而不是超越的根源。也因此，相較於黃梨洲，他更能免於復古論的色調。

四、「儒者之統」乃「帝王之統」之超越指導原則

我們說船山較能免於復古論的色調，但這並不是說船山完全沒有復古論的色調，因爲幾乎所有的中國傳統知識分子皆染有此「復古論」的色調。問題的關鍵點在於其復古論是否具有進步的氣氛，還是一味頑固的守舊。以王夫之來說，他是最能免除此復古論色調的，他嚴厲的批判歷史退化論，宣稱「聖人之心，於今爲烈」，這再再與其「習與性成」的人性論有密切的關係，所謂「未成可成，已成可革」，皆與此絲絲入扣，緊密結合。㉒

但是，值得我們注意的是，相較於船山對歷史退化論的批判在在顯示一種對於「道的錯置——時間性的錯置」的扭轉，但船山對於此道的錯置所做的扭轉並未徹底。他不但仍身陷另一類型的「道的錯置——結構性的錯置」之中，相信家天下這樣的專制有其合理性，而且他仍然透露出懷古的傾向，祇不過他不認爲今不如古，也不認爲越古越好。因爲把船山的懷

㉒ 關於王夫之的「習與性成」的人性論，參見林安梧，前揭書，第三章，東大圖書公司印行，一九八七年九月，台北。

古心態置入其人性史的源流中來看，他所懷的古乃是人性史的起始點罷了。他說：

「世其位者，習其道，法所便也；習其道者，任其事，理所宜也。法被於三王，道著於孔子，人得而習之，賢而秀者，皆可以奬之以君子之位而長民。聖人之心，於今爲烈。」㉓

船山這裡所謂「法備於三王，道著於孔子」可見他將古史中的三王和孔子更推進一層，使得他們從史實的層次，推進一層而到一理想的層次。換言之，三王之法不祇是制度的法，更是永恒的法體，而孔子之道不祇是自家一時的學說，更是足爲常經典要的道體。不過，既邁入人性史階段則「聖人之心，於今爲烈」，而不是什麼「世衰道微，人心不古」。船山又說：

「千聖同原者，其大綱則明倫也，察物也；其實政則敷教也，施仁也，其精意則祇臺也，躋敬也，不顯之臨，無射之保也，此則聖人之道也，非可竊也。」㉔

㉓ 見《讀通鑑論》卷一，〈秦始皇〉，河洛版，頁二。
㉔ 見《讀通鑑論》卷十三，〈東晉成帝〉，河洛版，頁四一〇。

道統之所以爲道統是百王不易，千聖同源的。這裡呈現了王夫之「德化政治」的理想。這是船山終生護持與努力的理想目標，也是其人性史哲學的終極判準，亦即彼所謂的「貞一之理」。船山堅持了這點，使得他避免了歷史主義者常面臨的相對主義的困境。道統乃是對於治統的一個理想要求，亦是治統之所以能爲治統的存有論的根據。治統是浮於歷史洪流之上的統緒，而道統則是沉穩其中的統緒。治統或有斷絕，而賴道統之綿延不墜，使得治統仍可不絕如縷。船山說：

「儒者之統與帝王之統並行於天下，而互爲興替，其合也天下以道而治，道以天子而明；及其衰，而帝王之統絕。儒者猶保其道以孤行而無所待，以人存道，而道可不亡。」㉕

這是說「儒者之統」與「帝王之統」是「並行」的，他們是一對列之局下的存在，而不是一隸屬之局下的存在。這兩個互爲對列之局下的存在，彼此是獨立的，但卻有著極爲重要的關係。此即如船山所言「其合也，天下以道而治，道以天子而明；及其衰，而帝王之統絕」，換言之，儒者之統不但得以獨立於帝王之統以外，並且成爲帝王之統的超越指導原則。又說：

㉕ 見《讀通鑑論》卷十五，〈東晉文帝〉，河洛版，頁四九七。

「……是故儒者之統，孤行而無待者也；天下自無統，而儒者有統。道存乎人，而人不可以多得，有心者所重悲也。雖然，斯道亙天垂地而不可亡者，勿憂也。」[26]

對道永懷信心，絕無假借，祇是努力實踐，這便是以人存道之不二法門，亦唯如此，道方可不亡。道不亡，終有澄明大治的時候。船山又說：

「天下不可一日廢者，道也；天下廢之，而存之者在我。故君子一日不可廢者，學也；舜禹不以三苗爲憂而急於傳精一，……見之功業者，雖廣而短；存之人心風俗者，雖狹而長。一日行之習之，而天地之心昭垂於一日；一人聞之信之，而人禽之辨，立達於一人。其用之也隱，而搏捥清剛粹美於兩間，陰以爲功於造化。君子自竭其才以盡人道之極致者，唯此爲務焉。有明王起，而因之敷其大用。即其不然，而天下分崩，人心晦否之日，獨握天樞以爭剝復，功亦大矣！」[27]

如上所引述可知，船山仍然堅持著「道」、「學」、「政」三個層次，而又特以

---

[26] 見《讀通鑑論》卷十五，〈東晉文帝〉，河洛版，頁四九八。
[27] 見《讀通鑑論》卷九，〈東漢獻帝〉，河洛版，頁二七四－二七五。

「道」、「學」爲尊的精神。㉘「天下」之成爲所謂的「天下」，是因爲天下間有個「道」在，即如全天下已有所廢，但所幸的是人會去存此「道」。人又如何能存此道呢？此即必須經由「學」，學者，學此道也。船山肯定「見之功業者，雖廣而短；存之人心風俗者，雖狹而長」，甚至是在「天下分崩，人心晦否之日」，能夠「獨握天樞以爭剝復」的就靠君子之學乎道也。船山深有體會於此，因此才能身處夷狄，必閉門著書四十年，而志行不改。再者，船山之能破俗流之「正統論」而另立「治統說」與「道統說」，亦正是這種體道及志行的表現。

「治統說」與「道統說」的分立，可見船山强調文化之統高於政治之統。就實踐上，船山則要求聖人之道與天子之道合一，亦即道統與治統的合而爲一（當然道統仍爲首出）。顯然，船山撤開了「正統論」的謬說，一方面穩立了文化之統，另方面又穩立了政治之統，並希望能以文化之統去批判政治之統，涵化政治之統，使得政治成爲提昇人性的恰當法門，使得政治成爲文化的政治，成爲人性的政治。一言以蔽之，我們從船山對於正統論的批判及其治統說與道統說的建立可清澈的看出此中隱含了——人性史的理想——道德教化的政治理想。

㉘ 關於儒學中有關「道、學、政」等問題，請參見杜維明〈孔子仁學中的道、學、政〉，收入《中國文化論集》卷三，頁六六－八四，幼獅出版社印行。

五、結語：「無所承，無所統，正不正存乎其人」

如前所說，船山瓦解了「正統論」，他直接的指出：

「有離有絕，固無統也，而又何正不正耶？……無所承，無所統，正不正存乎其人而已矣。正不正，人也；一治一亂，天也。」㉙

這顯然的將原來那種具有神魅般性質的「正統論」的「論」的言說系統瓦解掉了。再者，又將「正統」的「統」瓦解掉了。這樣的「瓦解」顯然又是一種「新生」，使得他那文化教養與德化政治的理想得以發顯出來。換言之，「正統論」並不是由「論」而成「統」，再由此「統」而明其爲「正」也。這也就是說並不能由於龐大的言說論述結構，而形成一統系，再由這樣所成的一個統系，而來說明其政權的正當性。相反的，這是由於「正」之爲「正」，再因之而形成一個「統」，再由此「正統」而構成一個「論」，如斯始爲「正統論」。這是說必須由政權本身的正當性做爲基礎，如此才可能成爲一具有賡續性及廣袤性的總體，這樣才能成爲一真具有正當性的正統論。

㉙ 見王夫之，前揭書，卷末，〈敍論一〉，河洛版，頁一一〇八。

「正」與「不正」存乎其「人」，換言之，「正統論」是立基於帝王（也就是政權）的正當性上面，而因此正當性之帝王而形成一帝王之統，此即船山所謂的「治統」。若直就此「正當性」本身而言，論其如何形成一個源流，則蓋稟乎「天下之至道」，由此至道因之而形成一統系，此即所謂的「道統」。船山一方面破解了俗流的「正統論」，而再繼之以「道統說」與「治統說」的重建；實則「道統說」與「治統說」的重建乃是要新建立一有本有源的正統論，是一依於「正」，而成「統」，再由之而成爲「正統論」者。

或者，我們可以更進一步的指出「正統」之爲「正統」必須要有一超越而恒定的基礎點始能成爲正統，而船山所提出的「儒者之統」這樣的「道統說」便是此超越而恒定的基礎點。除此之外，仍得有一現實發展的歷史判準，這是經由歷史的曠觀而得的判準，而且是經由歷史的曠觀而深化於人性之中，而得一人性之判準所成的。船山所提出的「帝王之統」這樣的「治統說」便是此人性與歷史交互辯證而成的一個人性史的判準落實而成的。顯然地，我們可以這樣說，船山所謂的「儒者之統」提供了一理想的恒定點，而「帝王之統」則提供了一現實的衡定點。由這兩個定點便能使得政權有其正當性，如此才能成就一真正的「正統」。

第三章 王船山的歷史詮釋學

提 要

本文指出王船山的歷史詮釋學隱含了兩個層次，一是對經典的詮釋方式、對歷史的詮釋方式，另一則是整個船山人性史哲學中所隱含「兩端而一致」的對比辯證思維模式。此二者關係極爲密切，後者常爲前者之基礎。

首先指出船山對於經典採取一「創造的詮釋」，它一方面著重的是經由人扣緊經典，並上遂於道，而使得它展開一「詮釋的轉化」。從詮釋的轉化到創造的詮釋實際上已經歷了理解、詮釋、批判與重建等過程。其次繼續掘深「因而通之以造乎其道」的方法論，而指出了船山所強調的「歷史詮釋學」意在指出歷史與人兩者之間的互動關係。人一方面通過了人性來理解歷史，同時亦通過歷史來了解人性，前者即是所謂的人性史的概念，後者即是歷史人性學。最後指出「兩端而一致」的對比辯證思維模式，它不但是存有（道）開展的韻律，而且也是歷史進展的韻律，亦是具有人性身分的人展開其歷史詮釋活動的思維方式。

一、問題之緣起

大致說來，王船山的歷史詮釋學實隱含著兩個層次，一是對經典及歷史的詮釋方式，另一則是船山人性史哲學的基本思維模式，而此二者之關係極爲密切，後者又常爲前者之基礎。

以船山學觀之，所謂的「詮釋」一方面得建立在「理解」之上，但詮釋的目的乃是「批判」，批判的目的則是「重建」。從理解而詮釋而批判乃至重建，依船山學看來，這是不可分的，是當下即通統爲一的。值得注意的是，「一般所謂的重建指的是將一個理論分離開來，然後再以一嶄新的形式結合在一起，爲的是使得它自身更能清楚的顯示其自己」。[1]而船山之重建實有進於此者，船山經由詮釋的方式使得他的思想上通於道，並以此而批判其所

[1] 這句話引自 Habermas, J.《Communication and the Evolution of Society》Trans. by Thomas Mc Carthy(Boston : Beacon Press, 1979)頁九五。

詮釋的對象，然後再給予重建。換言之，這樣的重建，是以理解及詮釋爲入路❷，以批判爲手段，但是卻以創造爲目的，但其創造並不是空穴來風的臆造，而是根源於道的開顯。

再以其思維模式而言，則從他對「道」「器」等《易傳》觀念的省察中即已清楚的透露出一種「兩端而一致」的「對比辯證思維模式」。通貫船山學，到處可以看到這種思維模式的蹤跡。事實上，船山對於經典的理解與詮釋、批判與重建，底子裏所根據的仍是這套「對比辯證的思維模式」。再者，就人性史哲學而言，此對比辯證的思維模式清楚的表現爲「理勢合一論」，「理勢合一論」在思想淵源上則又與其歷史人性學所强調的「理欲合一論」相似，而與其「自然史哲學」所强調的「理氣合一論」相似，這是無庸置疑的。

值得注意的是，船山的人性史哲學表現在史論上的詮釋方式與其他經典上的詮釋方式略有不同。因爲史論之詮釋並不只是經典之詮釋而是對於歷史事件的詮釋，旨在經由詮釋去顯示歷史的意義及歷史的智慧，本文雖從經典之詮釋檢討起，但卻以歷史的詮釋爲依歸，而終其極則欲指出船山「兩端而一致」對比辯證的思維模式。

二、經典的詮釋方式

❷ 還須補充的是，理解與詮釋是一體的，理解强調讀者之能進入到文脈之中，去知其意義；詮釋則强調更進一步的將其所知的意義表達出來。

詮釋乃是一種「致知活動」，船山曾很清楚的談到致知的活動，故檢討當以此爲始。船山曰：

「致知之途有二，曰學、曰思。學則不恃己之聰明而一惟先覺之是效，思則不徇古人之陳跡而任吾警悟之靈，乃二者不可偏廢而必相資以爲功。學於古而法則具在乃度之於吾心，其理果未盡於言中乎？抑有未盡而可深求者也？則思不容不審者也。乃純固之士，信古已過而自信輕，但古人有其言而吾即效其事乃不知自顯而入於微，自常而推於變者，必在我而審其從違而率然效之，則于理昧其宜，而事迷其幾，爲罔而已矣！盡吾心以測度其理，乃印之於古人，其道果可據爲典常乎？抑未可據而俟裁成者也？則學不容不博矣。乃敏斷之士，信心已甚而信古輕，但念慮之所通而即欲執爲是，而不知先我而得者已竭其思。仿古而行者不勞而獲，非私意所強求，而曲折以求通，則乍見其是而旋疑其非，爲殆而已矣！……學非有礙於思，而學愈博則思愈遠，思正有功於學，而思之困則學必勤。」❸

以上所引乃是船山對「學而不思則罔，思而不學則殆」二語的解釋。這裏船山顯然更進一步

---

❸ 見《四書訓義》卷六，〈船山遺書〉第八册，總頁四三六六。

的發揮了學思互濟的傳統思想，而說明了一種理解和詮釋的活動。❹由於「思」所強調的是一種「任吾警悟之靈」而「不徇古人之陳跡」，可見思具有主動性，由思而可探問「其理果盡於言中乎？抑有未盡而可深求者也」、「其道果可據爲典常乎？抑未可據而俟裁成者也」。學不只是被動的接受而已，學須得經由思而使所學能涵化於心，並上極於道；思不只是一任其敏斷而已，思須得經由學才能印之於古人，並由之而據爲裁成的依據。學與思雖互濟，實則以思爲核心，學則是思所必得展開的活動。

如上所說，船山相信透過學思（理解與詮釋）我們可以深入語言背後的意義底蘊，揭發其義理，並且可以透入古典文獻中，直造乎道，並對其所閱讀的文獻作一「批判裁成」，所謂「批判裁成」即經由批判而裁成其文獻、使之通極於道的意思。換言之，船山認爲「理解」乃是一種「知道」或者說「揭發道的過程」，而「詮釋」則是「秉持道所作的批判及裁成活動」。

顯然地，船山肯定了「道」之作爲理解和詮釋的最後依歸，道並不是文獻的總結，而是足以回過頭來做爲文獻依據的。但人們並不是先知其道，然後再由此道來閱讀文獻。相反的，人們先閱讀了文獻，並經由文獻的閱讀而通極於道，再由道而回過頭來詮釋此文獻。

---

❹ 這裡所謂「船山顯然更進一步的發揮了學思互濟的傳統思想，而說明了一種理解和詮釋的活動」，這並不是說「學」是「理解」，而「思」是「詮釋」；而是說「學思互濟」正說明了「理解」和「詮釋」的活動。當然若以「學」和「思」對比的來說，「學」較偏重在「理解」，但「思」則偏重在「詮釋」，而事實上「理解」和「詮釋」是不可分的。又「理解」及「詮釋」之異同及關係，請參看❷。

道、作品、讀者這三者構成一個極爲密切的詮釋關係。讀者閱讀作品而作品中即隱含了道，故可經由作品的閱讀而通極於道，而讀者之具有閱讀作品的能力，則是因爲讀者是道之所造，具有詮釋道的能力。作品之爲作品是因爲作品正是道之彰顯的客觀事物，而此乃是作者之揭發道而由道流出者。讀者之閱讀作品是通極於道的閱讀，並不是去讀作品背後的作者。道是作品及讀者的總依歸。船山對經典的理解與詮釋，事實上已脫離了「移情作用」的心理主義的方式，而真正進到一種「造乎其道」的詮釋學。船山說：

（甲）「然而予固非莊生之徒也，有所不可、「兩行」，不容不出乎此，因而通之，可以與心理不背；顏淵，蘧伯玉、葉公之行，叔山無趾、哀駘它之貌，凡以通吾心也。必苟爲求仁之心，又奚不可？」❺

（乙）「……凡莊生之說，皆可因以通君子之道，類如此。故不問莊生之能及此與否，而可以成其一說。」❻

（丙）「善讀書者，繹其言而展轉反側以繹之，道乃盡，古人之辭乃以無疵。」❼

以上所引三則，（甲）說明了「因而通之，可以與心理不背」而之所以能如此，則因爲

❺ 見《莊子通》序，河洛版，頁四七。
❻ 同上，前揭書，頁四七。
❼ 見《尚書引義》〈泰誓中〉，河洛版，頁七九。

「心」是詮釋者的心，是詮釋者所決定的，要是詮釋者肯定了仁心，則顯然非莊生之徒，但卻仍可「因而通之」的去藉著莊子而通自己之仁心，進而通及於仁理，這都是不相背的。也正因如此才有（乙）所謂的「因而通之，皆可以通君子之道」。換言之，（甲）、（乙）二則所謂的因而通之並不只是對於經典的理解而已，而是一種「創造的詮釋」(creative interpretation)活動。❽

這裏所謂「創造的詮釋」(creative interpretation)顯然不是扣緊經典，讓經典自己說話，讓經典自己彰顯其自己的詮釋活動而已，它更進一步的要去經由一種「詮釋的轉化」(interpretative transformation)而使經典所透顯的意義能夠「調適而上遂」的通極於道，而達到一種立基於經典，但卻又另有一番嶄新創造的境域。如此一來便達到（丙）所說的「繹其言而展轉反側以繹之，道乃盡，古人之辭乃以無疵」。總而言之，經由「詮釋的轉化」而成就一「創造的詮釋」，而「創造的詮釋」乃是詮釋者越過了經典文字的藩籬而直造乎道，

---

❽ 關於「創造的詮釋」(Creative interpretation)一詞，近人傅偉勳提倡之，對此有文，言之甚詳，此請參看氏著"Creative Hermeneutics"(Journal of Chinese philosophy，3，1976)。又船山這種「通極於道」的詮釋方法論顯然有取於《莊子》，《莊子》〈齊物論〉所謂「道行之而成，物謂之而然。惡乎然、然於然。惡乎不然、不然於不然。物固有所然，物固有所可。無物不然，無物不可。故爲是舉莛與楹，厲與西施、恢詭譎怪、道通爲一。其分也、成也。其成也、毀也。無成與毀、復通爲一。……是以聖人和之以是非，而休乎天均，是之謂兩行」。所謂的「兩行」指的是「從環中左旋右轉，無不同歸一點也」(錢穆釋)、指的是「聖人和通是非、共休息於自然均平之地，物我各得其所」(王先謙釋)(以上《莊子》引文及解釋，皆請參見錢穆《莊子纂箋》(民國五十八年六月，三民書局)頁一四一一五。)但值得注意的是莊子之說偏重在世界觀(World-view)方面發揮，而船山則擷取了其方法論(Methodology)，並加以改造之。

道則又繫乎詮釋者的抉擇，而詮釋者的抉擇實又與其世界觀有密切的關連。就這個意義層面來說，吾人似乎可以說「船山否定了道家的世界觀」，並進一步「因而通之的改造了它們的方法論」。❾

船山秉持著這個詮釋的方法更進一步對老子做了一番詮釋的批判，他說他要「廢諸家以衍其意，蓋入其壘，襲其輜，暴其恃，而見其瑕矣，見其瑕而後道可使復也。」❿

這正說明了直扣原典（廢諸家），攻破語言的障隔，進入意義的堂奧（入其壘），選擇地奪取了此堂奧中的瑰寶及武器（襲其輜），而無情的暴露它所倚恃的東西（暴其恃），而使人一目了然它的弊病何在（見其瑕）。換言之，船山相信透過理解及詮釋的活動我們可以進入語言背後的意義結構之中，並因而自有取擇，以為批判的準據；而且惟有經由批判之後「道才可能使之復」，換言之，經典的詮釋是要透過批判而達到「道之回復」，而「道之回

❾ 侯外廬於所著《船山學案》（一九四二）中強調「宋明儒多吸收了二氏（佛、老）的世界觀，而船山則否定了二氏的世界觀而吸取了二氏的方法論」。此立論看起來似極精彩，實則頗值檢討。因為事實上宋明儒之闢佛老所反對的正是佛老的世界觀，那來吸收二氏的世界觀呢？侯氏之說不確。事實上，宋明儒大部反對佛老的世界觀，但是在修養方法論上則頗受佛老的影響（如靜的工夫、澄心默坐的工夫）。而船山則不祇否定佛老的世界觀，兼抑否定二氏的修養方法論。至於致知方法上或有取於二氏，但都經由船山的改造而裁成，已不是二氏的本來面目了。

❿ 參見《老子衍》自序，河洛版，頁一。

復」即是「道之開顯」。⓫船山說：

> 「夫其所謂瑕者何也？天下之言道者，激俗而故反之則不公；偶見而樂持之則不經；鑿慧而數揚之則不祥。三者之失，老子兼之矣。故於聖道所謂文之以禮樂以建中和之極者，未足以與其深也。」⓬

從這段文字可以探知，船山是肯定道作爲詮釋及批判的最後基準的，而所謂的「道」（Tao)並不是一形式概念而已，而是有其實義的。船山所謂「文之以禮樂以建中和之極」，可見此是儒家之道而不是道家之道，依船山看來道家之道是一曲之道，但儒家之道則是常道、是全道，此是使一個人能成就一個人的根據，離此根據則有偏弊。就道家老子來說，則犯了三種錯失，一是不公，一是不經，一是不祥。彼之所以「不公」則因爲「激俗而故反」，這說明了老子之言原是有意矯治世俗的，但其矯治是採取一種反說的方式，由於有所對治故不得寬廣公平。彼之所以「不經」則因爲「偶見而樂持之」，這說明了老子是有所

⓫ 關連著❷所謂的「理解」與「詮釋」，我們可以這樣來了解「道之回復」與「道之開顯」。「道之回復」相當於「理解」的層次，而「道之開顯」相當於「詮釋」的層次。前者強調「從經典進入到道」的層次，後者則強調「從道而顯發於經典」的層次，這兩個層次一方面是通貫爲一的，另一方面則是交互循環的，當然其核心能處環中而應無窮的則是人。

⓬ 參見《老子衍》自序，河洛版，頁一。

見的，但此見不是全面之見，而只是偶見，又執著於此偶見，故不能成爲經常之道。彼之所以「不祥」，則因爲「鑿慧而數揚之」，這說明了老子是有些智慧的，但卻不能通而全，只是穿鑿而極力的去稱揚此智慧。此小智慧由鑿而生出大害來，故說它是不詳。換言之，船山清楚的斷定老子事實上也是在彰顯「道」(Tao)(或者說彰顯「存有」(Being))，不過由於種種認識的條件或狀況的限制而導致其偏弊及害處。只要我們能通極於「道」便能對老子有所批判的理解，並經由批判而達到一種創造性的詮釋。

如上所述，吾人可見船山對於經典的詮釋蓋通極於道。「道」並不是超絕而獨立於「經典」之上的，也不是與「人」隔絕的，「道」經由「人」而與「經典」有一辯證而互動的關係。「道」經由「人」而開顯爲「經典」、「人」亦得經由「經典」而上遂於「道」，道是詮釋的依歸與準據。正因爲有個「道」爲依歸與準據，故詮釋者對經典之詮釋不只透入經典脈絡的深層意義結構，並且相信此深層結構所朗現的意義是通極於道的，苟有未通極於道則當批判之、改造之、重建之。從理解而詮釋、進而批判、改造及重建是連成一氣的，而它們都以「道」爲依準。

三、歷史的詮釋方式

船山對於歷史的詮釋亦通過史書的詮釋而來，換言之，歷史的詮釋與經典的詮釋是密不可分的，但二者仍有些許差異，須得一提。經典的詮釋是通過語言所隱含之思想而通極於道的詮釋，而歷史的詮釋則是通過歷史事件的了解，諦知事件所隱含的意義而匯歸於道的。船山透過衆多經典的詮釋，「因而通之以造乎其道」的建構了自己一套哲學系統，而後再俯臨歷史而展開其史論及史評的工作。但這並不意謂船山的史論史評之作乃只是其哲學系統之運用，或說史論、史評是從船山的哲學系統所導引出來的，因爲整個船山系統即是一歷史哲學的系統（自然史哲學、歷史人性學及人性史哲學），此系統中充滿著濃烈的歷史意識，而這股濃烈的歷史意識則是船山在千辛萬苦的歷史實踐中之所得。史論、史評正是船山切身的歷史實踐的投影，而其哲學系統亦是根源於其歷史實踐而成的。換言之，史論、史評之作或在理論建構之後，但史論、史評所隱含的思想則早在理論建構之前，史論、史評並不是理論建構的導生物，而是參與整個船山學的理論建構的。⑬

依船山看來，「歷史即是政治史」，而「政治史即是人性史」，這皆可以「資治通鑑」一語表之。正因船山心目中的歷史是爲了「資治」的，而且可爲「通鑑」，這已顯露船山心目中的歷史的詮釋方式是與實踐興趣分不開的。船山說：

「引而申之，是以有論；浚而求之，是以有論；博而證之，是以有論；協而一之，是以

---

⑬ 顯然地，就著作的年代次序而言，船山史論之作，如《讀通鑑論》及《宋論》皆在晚年，晚於大部份的經典詮釋作品，但早在經典詮釋作品中船山即已透露了其史論及史評的消息。簡言之，就著作的發生次序；史論、史評在後，但就理論形成而言，則船山的史論、史評的思想早先即已頗發達，此不可不辨。

有論；心得而可以資人之通，是以有論。道無方以位物於有方；道無體以成事之有體。鑑之者明，通之也廣，資之也深，人自取之，而治身治世，肆應而不窮。抑豈曰此所論者立一成例，而終古不易也哉？」[14]

上段引文可視爲船山歷史詮釋方式之總匯。亦如上節所論，船山的經典詮釋背後有個「道」以爲其依準，歷史之詮釋亦然。這裏所謂「引申、浚求、博證、協一、心得」都是通極於道的，惟其通極於道才有個定準，才不致漫散無歸。

所謂「引而申之」者，蓋引繹其歷史意義而申發此意義之源。「浚而求之」著，指的是透入歷史事件而審知歷史事件背後之歷史思想。「博而證之」者，指的是廣博取其歷史事件而參證其歷史意義，是資取其同而證其理。「協而一之」者，指的是權衡諸歷史事件而有所統同於一理的意思。大體說來，船山強調的是透過歷史事件，進入歷史思想，直探歷史意義的根源，而揭發其道。就以上「引申、浚求、博證、協一」四者皆隱含了兩層意思，一是透

[14] 參見《讀通鑑論》卷末〈緒論四〉，河洛版，頁一一一五。又此處所論之歷史的詮釋方式，船山於《讀通鑑論》卷末論及「資治通鑑」這個詞時實已論及，請參閱筆者《王船山人性史哲學》第二章第二節。

過「歷史事件」進入「歷史思想」，一是再由「歷史思想」溯探其「歷史意義」。⑮所謂「心得而可以資人之通」則是總結上四者而言，是說以上四者之方法，使得詮釋者的心有所得其歷史意義，並由此歷史意義而「資人之通」。歷史意義即是歷史之「道」（Tao），資人之通，是由此歷史之「道」而運用於歷史事件之上所作的詮釋與實踐；也因此船山說「道無方以位物於有方，道無體以成事之有體」。歷史之道即是船山所謂的天道，天道開展爲自然史及人性史兩個側面，⑯天道本無方無體（此是從《易傳》所謂『神無方而易無體』脫胎而來），惟因位物、成事才有方才有體。換言之，道須得「物」「事」方得有方有體的具體彰著出來。「道」須經得由具體的「器」方得彰著。

---

⑮ 依R. G. Collingwood之說，「所有的歷史都是思想史」（All hiotory is history of thoughts）。他認爲唯有穿過歷史事件（event）進入事件背後所隱含的思想，如此才能了解歷史，歷史之寫作亦因之而可能。Collingwood這個說法旨在解答「歷史知識如何可能？」這個方法論上的問題。筆者在此所說「歷史事件」、「歷史思想」及「歷史意義」三個層次，乃有取於儒家史論之說。孟子所謂「王者之跡息而詩亡，詩亡然後春秋作。晉之乘、楚之檮杌、魯之春秋一也。其事則齊桓晉文，其文則史。孔子曰『其義則丘竊取之矣』」（《孟子》〈離婁〉下）。這段話一方面說明了文體和政治有密切的關係（王者時代是詩，王者之跡息而詩亡，詩亡而春秋作。按西方義大利史學家Vico亦有類似說法，可參見其New Science一書，頁二八—三一），另一方面則說明了歷史有三個層次，一是「史事」、二是「史文」、三是「史義」。顯然的，孔子最重視的是「史義」這個層次，類比的來說，船山的史論亦强調必得通極於「史義」方可，當然「史義」並不能「載諸空言」而得「見諸行事」，故必得建立於「史文」及「史事」之上。同樣的，「歷史意義」之探討必得建立於「歷史事件」及「歷史思想」之上。不過值得注意的是，孔子所謂的「史義」著重在「道德的判斷」而不在「歷史的理解」，本文此處所說的「歷史的意義」則較著重「歷史的理解」。

⑯ 依王夫之所言「在天之天道」之彰顯而爲自然史世界，「在人之天道」之彰顯而爲人性史世界。實則自然史世界與人性史世界通統爲一。

從人這個面向來說，人透過事件進入歷史思想從而上極於歷史意義（歷史之道），人是歷史詮釋的起點。就歷史這個面向來說，歷史之道開顯而爲歷史，人是歷史中的存有（historical being)，人因得歷史之詮釋而爲人。但歷史之道並不是一任天無爲的天道，而是人經由歷史所詮釋的天道。在歷史與人兩者所構成的「詮釋循環」（hermeneutical circle)中，又以人爲核心。[17]人取得了詮釋的首出性，由於取得了詮釋的首出性從而締造了歷史批判及歷史實踐的先機。

如上所述，吾人既已肯定人是歷史的詮釋者，而且人亦得通過歷史之詮釋而來詮釋自己。顯然的，船山所謂的歷史詮釋並不只是對於「歷史」一辭所隱含的意義繼續拓深而作一哲學之思辯（philosophical speculation)而來的詮釋，而是通過具體的歷史解釋，對歷史事件有所說明而逐步透入歷史之道的，是由歷史解釋進而達到歷史詮釋的（from historical explanation to historical interpretation)。[18]大致說來，船山之歷史解釋方式有數大端，一是淵源之追溯，二是原因之闡釋，三是背景之分析，四是變遷之縷述，五是影響之探究，杜維運先生

---

[17] 一般所謂「詮釋的循環」（hermeneutical circle)指的是在理解過程中，一方面藉著整體以界定部份，而另一方面又由各個部份建立整體的把握。（參見 R. E. Palmer: Hermeneutics, Northwestern University Press, 1980, p87.）顯然的，筆者此處的說法是從此脫胎而來，要理解人，便得先理解歷史；而要理解歷史又得先理解人，兩者構成一個理解的循環或詮釋的循環。

[18] 歷史的解釋（historical explanation)與歷史的詮釋（historical interpretation)並不相等，前者著重於歷史事件及事件之因果關係的探究。而後者則著重於歷史意義（歷史之道）之探究。前者較屬歷史學（histography)的領域，後者則進至哲學之存有論（ontology)的領域。

於其《王夫之與中國史學》一文中論之甚詳。⑲此五者較屬歷史學之層次，但就船山的整個體系而言並不是孤立的，它們與船山的哲學理念息息相關。

依船山意，道是透過時間這個向度而開展的，在物事形器之先，它有其隱然未現之則，不過它仍然是無方無體的。道經由陰陽二氣之辯證發展，摶聚成自然之物，又摶合而爲五行之秀，且能詮釋道的存有者——人，人透過自然之物的意象與符號（image and symbol）而得詮釋道、理解道，通過道的理解與詮釋，人因得而展開其實踐活動而締造器物制度，而展開了人性史的世界，並由此人性史之世界而對比出一自然史之世界。由是而知，所謂淵源之追溯，並不只是追探歷史中某一事物形器或制度從何開始而已，更重要的是要說明道通過時間而在歷史開展，而彰著了些什麼。⑳這樣的說明實又隱含了一個前提預設說道的展開與時間是不可分的，而且是透過具體的事物而展開的。所謂原因之闡釋，船山著重的是人的德行的問題。船山認爲人締造了歷史，人又在歷史中而演變，故人的德行對歷史有莫大的支配力

---

⑲ 見杜維運著《王夫之與中國史學》（收入杜維運、黃進興編《中國史學史論文選集》第二册，華世出版社，一九七六，臺北，頁六七三——六九三）。杜氏取船山《讀通鑑論》《宋論》之材料搜羅編排以爲證明，而歸納出此五種解釋方式。蓋船山之史論、史評實有其固定之方法論，不過彼未專文論列、而大底是隨文點說，故不易掌握。杜氏之作，於材料之搜羅歸納，厥功甚偉。本段與下段所展開的敘述是建立在杜氏的分析之上，更進一步所作的哲學詮釋。

⑳ 依杜維運氏之說，淵源之追溯爲明瞭史實真相之開始，他舉出七條例證說明船山之追溯典章制度的創始，又舉出另外七條例證說明治亂興衰之遠源，又舉例論及茶之歷史及古樂之亡等等。見氏著，前揭書，頁六七二——六七六。

量。換言之，杜氏這裏所謂的原因並不是外在的，而是內在的、人性的。㉑依船山看來，人是道的開顯者，故人實是道開顯爲具體事物的重要中介。所謂背景的分析，船山著重的是歷史之場域（field）的問題。道必得在一背景或場域（horizon and field）開顯，故船山認爲要對背景及場域有所理解，才可能理解道開顯的情況。㉒而所謂變遷之縷述，強調的是道開展而成之器物制度在歷史中的變遷。㉓以上四者說出了道的開顯者——人、道的開顯起始點、道的開顯之場、道的開顯順序，由這四者的掌握，我們才能說「影響之探究」。所謂「影響之探究」指的是道經由人而在歷史之場域中開顯爲具體的器物制度，一旦開顯爲器物制度則道必得駐貯其中而成爲一客觀之道，既爲客觀之道則有其獨立的勢力而參與於歷史之中。㉔船

㉑ 杜維運氏舉出十九條例證以說明船山之暢言歷代治亂興亡的原因，就此觀之，莫不關連著人性而立言。（見氏著，前揭書，頁六七六—六八一）此正如筆者所言，依船山看來，「歷史即是政治史」，「歷史即是人性史」一樣。

㉒ 杜維運氏認爲船山之重背景分析可與西方史家麥考萊（Lord Macaulay, 1800—1859）相比擬，惟船山所最著重的是整個時代的背景，他舉出四個例證以爲說明。（見氏著，前揭書，頁六八一—六八六）又由於船山意下的歷史是人性史，因此他所作時代背景的分析往往是關連著人性的。

㉓ 杜維運氏以爲船山所述之變遷極細微，且最喜論及歷史上風俗、風氣之變遷，他舉三個例證以爲說明。見氏著，前揭書，頁六八六—六八九。

㉔ 杜維運氏以爲船山往往論一事而闡明其關係至千百年之久，彼舉出四個例證以爲說明。（見氏著，前揭書，六八九—六九三）杜氏以爲以上五者（追溯淵源，闡釋原因，分析背景，縷述變遷及探究影響）爲西方史家解釋歷史之藝術，可向全世界驕傲者，而王氏皆擅長之。並認爲船山的史論之體例與西方史學體例極相近，所不同的是表現方式不同，非精神上有何歧異。（見前揭書，頁六九三）筆者以爲這樣的說法似有商榷之處，因爲船山的歷史解釋或有近於西方史家的歷史解釋，但不僅表現方式不同，其精神亦頗不相同，蓋船山以爲之歷史是人性史——是具有人性身分的人所詮釋所締造的歷史，而此具有人性身分與否，則又與儒學傳統的「華夏夷狄之辨」關連在一起，背後仍是春秋學與易學的精神，強調仍是王道之治及大一統的精神，主張的是變易、簡易及不易，能通極於道的精神。

山所謂「因其時，度其勢，察其心，窮其效」㉕指的是順著時間的次序，理解道開展之理勢，而諦知道之開顯者的心靈，探究其影響與作用。

吾人既已說明了歷史的解釋實通極於歷史之道的詮釋。而歷史之道的詮釋依船山之意必得「刻志兢兢，求安於心，求順於理，求適於用」㉖「安於心」是就人之權衡審度而講，「順於理」是就道之如理開展而說，「適於用」則說明了歷史之道的詮釋乃是爲了實踐。這三句話結合的來說，可以這樣的表達：「歷史乃是道如其理勢的開展，人對歷史的詮釋必得審知此道之理勢，如此才得『心安』『理得』，而這樣的歷史詮釋乃是爲了歷史之實踐的」。

如上所說，我們已清楚地敍述了歷史的詮釋與經典的詮釋兩者之間的異同，並進而說歷史的詮釋亦如經典詮釋是通極於道的詮釋，然而道之開展則有其開顯之中介、開顯之場，而後依時而開顯爲器物制度。人既是道開展之參贊者，同時亦藉道之開展而說明其身分（identity），「人」「道」相互詮釋。這是就「史文」而上及於「史義」而說的，然則「史事」與「史文」之關係又如何，則待澄清。

一般說來，史事、史文關係如何澄清乃屬歷史學的範疇，由「史文」而上及於「史義」則屬歷史哲學之範疇。上面我們從歷史的解釋而上及於歷史之道的詮釋，這都必得肯定我們

㉕ 見《讀通鑑論》卷末〈敍論二〉，河洛版，頁一一一〇。
㉖ 見前揭書，〈敍論三〉，河洛版，頁一一一一。

所作歷史解釋的歷史記載是可靠的。以船山之史論、史評來說雖著重於上極於道的歷史詮釋，但卻是立基於對歷史記載的檢討（或者說立基於史實，史實者，史文所載之史事也）。船山對歷史記載之檢討與考察亦自有其一套方法，此方法則又以「人」爲核心。所謂以「人」爲核心，並不是說船山只注意歷史中的人，而不注意歷史中的事；而是說船山仍通過「人」來考察歷史記載。依船山看來，任何歷史作品都不免史家的情感與思想，故「研究歷史之前，先研究史家」[27]。又歷史乃是人性史，故得符合人之情理，故船山亦從情理之常來判斷史實之真僞。再者，歷史乃是道之開顯者——人，在歷史之場域中所開顯之物，故人可以設身易地而求其真實。

如上所述，可見船山意下的史學方法與歷史之詮釋密切關連，而終其極的來說，船山肯定了人的主動性與核心性，說明了所謂的歷史記載不是事件的纂集而已，而是經過史家主動的蒐羅構造。換言之，歷史記載不是事件的紀錄而且不可能是如此而已。歷史記載實是史家

---

[27] 西方史家E. H. Carr即作如是說，見氏著"What is History"頁三八。轉引自杜維運著，前揭書，頁七三五。

以其別識心裁及先驗的宏識所理解所詮釋而成之物。㉘而所謂的理解與詮釋乃只是透過歷史事件而直造乎其道，而諦知此記載實只是此道之開顯而已。史家是道開顯的中介者，中介者的情感思想必然參與了此道之開顯，故須得加以研究。船山言道：

> 「更始不足以有為，史極言之，抑有溢惡之辭，欲矜光武之盛，而揜其自立之非，故不窮更始之惡，則疑光武之有慙德也。」㉙

上引這則頗能說明對史家研究的重要性，而研究的方式則又是以人之情理度之。人之情理何以能度慮及此？依船山看來，人是道開顯之中介者，人之情理實是道之情理，故以人之情理

㉘ 這裡所謂的「別識心裁」及「先驗的宏識」指的是史家所特具的insight。值得注意的是「別識心裁」一語是章學誠的用語，他強調的是史家當得從史事、史文中超拔出來，再回頭去對史事、史文作一凌空而如實的判斷；而「先驗的宏識」一語是筆者從R. G. Collingwood所用的「先驗的想像」(apriori imagination)一語脫胎而來，Collingwood強調的是史家對於史實的建構能力（請參看氏著"The Idea of History"Part V．Chapter 2．pp．231-249，臺灣，樂天出版社影印版，民國五十九年。又請參見拙著〈論R．G．Collingwood的「歷史的想像」〉（鵝湖一一五期，一九八五年一月，頁一—七）一文。），而筆者所謂「先驗的宏識」則強調史家必得通過自我生命之認識而通極於道，通極於歷史，而取得一恢宏的識野，而這裡所用「先驗」一詞則是強調自我生命是上通於道的，他先驗的具有道性，所以他先驗的具有詮釋「道」及詮釋「歷史」的能力。筆者以為「歷史的課題即是人世的課題，歷史之通透即是生命之回頓。」人存唯從自我生命下功夫，如能「別識心裁」並以一「先驗的宏識」了悟自己自身、民族自身、文化自身、進而歷史自身及人類自身」。（見拙著〈歷史與人性的疏通〉一文（鵝湖，四十六期，民國六十八年，頁二三—二八）。）「別識心裁」與「先驗的宏識」一方面是由史事、史文通極於史義的能力，而另一方面則是由史義而貞定史文、史事的一種能力。

㉙ 見《讀通鑑論》卷六，河洛版，頁一四五。

遂可以推極於道，再下而俯瞰其所開展之歷史而對照之，便能顯示此中的真僞偏公的程度。但問題則在於「人之情理是否皆可上遂於道，而做如斯之批判」？於此船山則採取一「知德相輔」之說。他說爲道德的修養和認知的活動相輔相成，惟其如此以人之情理逆知於道，所作之對顯與批判才不致歪曲。㉚船山進一步又說：

「設身於古之時勢，爲己之所躬逢。研慮於古之謀爲，爲己之所身任。取古人宗社之安危，代爲之憂患，而己之去危以即安者在矣。取古昔民情之利病，代爲之斟酌，而今之興利以除害者在矣！」㉛

此則說明做爲道開顯之中介者的人要真正進到歷史的場域中去體會道之開顯。古今時空雖有所異，但所同者道，故吾人只要進入「歷史之場」中即能諦知道的種種開顯。但值得強調的是，船山筆下的「歷史」必得通向實踐，當然他強調的實踐仍得通極於道的實踐，而所謂的「通極於道」則又建立在「歷史的詮釋」之上。船山說：

㉚ 船山對「格物致知」作了一個嶄新的詮釋，依他看來，格物是「由體而致用」的認知活動，而致知則是「由用歸體」的「體道」活動。這兩個活動是交互而依倚的。前者重在知，後者重在德。而《尚書引義》〈堯典一〉，船山即强調「欽」是「明」背後之動力，「欽」是道德之活動，「明」是知識活動。（關於「格物致知」請參見《讀四書大全說》〈大學〉卷一，河洛版，頁九—一二。關於「欽明」，請參見《尚書引義》，河洛版，頁一—五）。

㉛ 見《讀通鑑論》〈敘論四〉，河洛版，頁一一一四。

「知言者，因古人之言，見古人之心。尚論古人之世，分析古人精意之歸。詳說群言之異同，而會其統宗；深造微言之委曲，而審其旨趣。」[32]

上引此則可爲船山歷史詮釋方法的歸趣。顯然地，這樣的詮釋方法仍然深染中國傳統所謂的「體驗法」。不過它實又因以通之，調適而上遂的改造了中國傳統的「體驗法」。傳統所謂的「體驗」一詞指的是「親知」，而船山這裏强調的「體驗」則是一種「驗之於體」及「以體驗之」的活動。它不只是單純的移情作用，也不只是簡單的設身處地而已，重要的是它指向一種「存有論的洞觀」（ontological vision）。「驗之於體」是「由跡末求根本」，而「以體驗之」則是「由本而貫末」。以船山而言，所謂的「體」即是道，「驗之於體」即是因而通之以上遂於道。「以體驗之」則是由道而觀之，以斷其事；而不論「驗之於體」或「以體驗之」，其周旋轉環之樞紐則在於「心」。「心」具有理解詮釋道的能力，從而揭發道，使道之創造力彰顯出來。再者，體驗更須得驗之於行，躬身實踐。如此一來，所謂的「體驗」乃是人道之際，知行之統會。它不但涉及於詮釋，更而及於實踐，而所謂的詮釋與實踐都得落實於歷史之場中，展開其辯證，一面是人揭發道（參贊道）的歷程；另一面則是道開顯於人的歷程。

如上所述，可見船山對於「歷史的詮釋」必得通極於道。道不是獨立於歷史之外的超絕

---

[32] 見《宋論》卷六，里仁書局版，頁一二一。

之物，道即在歷史之中，道之開展即爲歷史。而人則活生生的存在歷史之中，亦存在道之中，故人得經由歷史的理解及詮釋而上遂於道，並可因其道而下通於人，並及於歷史，而對歷史展開其批判，並發爲實踐。顯然地，從「歷史的詮釋」到「歷史的實踐」都是以「道」爲依準的，但卻又以「人」爲核心的。

四、「兩端而一致」對比辯證的思維模式

如以上所述可知所謂的「體驗」，一方面指的是「驗之於體」——人經由外在器物乃至經典及歷史而上極於道，揭發道的活動，一方面指的是「以體驗之」——道開顯於人及器物乃至經典及歷史的活動。體驗之所涉不只是詮釋而更及於實踐，而值得一提的是，當我們強調所謂「體驗」乃是「驗之於體」，又是「以體驗之」時，我們實已指出這乃是一種「兩端而一致」的對比辯證之思維模式，這樣的思維模式幾乎貫通船山所有的著作之中，可堪稱爲船山思考的基本方式，本節即欲針對此展開論述。[33]船山說：

---

[33] 大致說來，船山「兩端而一致」的思維模式廣涉諸層面，如許冠三氏所說「由其模式之基本構造言，夫之「立兩」之說有以下五型：(1)就道之體言，……(2)就道之用言，……(3)就心之用言，……(4)就聖賢致知之先例言，……(5)就致知之基本原則言。」（見氏著，《王船山的致知論》五〈兩不立，則一不可見〉，頁六九—七〇。〔香港中文大學出版社〕）。顯而易見的，這個思維模式不祇是存有開展的動力，亦是詮釋者開展其詮釋的動力，其牽涉到的邏輯層次極爲繁複，筆者此節所述旨在勾勒其特性而已，至於細緻的分析，則俟諸來日。

（甲）「天下之變萬，而要歸於兩端，兩端歸於一致。」㉞

（乙）「兩端者，虛實也，動靜也，聚散也，清濁也，其究一也。實不窒虛，知虛之皆實。靜者靜動，非不動也。聚於此者散於彼，散於此者聚於彼，濁入清而體清，清入濁而妙濁，而後知其一也，非合兩而以一爲之紐也。」㉟

（丙）「兩端者，究其委之辭也；一者，泝（溯）其源之辭也。」㊱

（丁）「一陰一陽之謂道，不可云二也。自其合則一，自其多寡隨乎時位，繁賾細密而不可破，亹亹而不窮，天下之數不足以紀之。」㊲

（戊）「健、順，性也；動、靜，感也。陰陽合於太和而相容，爲物不二，然而陰陽已自成乎體性，待感而後合以起用。」㊳

就以上所引五則來說，甲、乙、丙三則說明了「兩端而一致」的思維方式乃是船山經由一種「世界的通觀」而獲取的總結。（甲）說明了天下的變化雖然極爲雜多，但當我們說變化時實已預含了一經常不變之道以爲對比，否則亦不能顯示出變化，於是我們可以將天下的萬變

㉞ 見《老子衍》河洛版，頁四。

㉟ 見《思問錄》〈內篇〉，世界書局版《梨洲船山五書》，頁一二。

㊱ 見《尚書引義》〈洪範四〉，河洛版，頁一〇五。

㊲ 見同㉙，前揭書，頁二九。

㊳ 見《張子正蒙註》卷九〈乾稱篇〉下，世界書局版，頁二七八。

推而爲「常」「變」兩端，而常變是相依待而成的，常中有變，變中有常，兩端歸爲一致，一致即含兩端。（乙）則說明了所謂的兩端是些什麼，而此雖爲兩端，但並非截然二分，而是辯證的相涵相攝。[39]（丙）則清楚的說明了本末的關係：「究其委」是「兩端」，而「溯其源」是「一致」，兩端實隱含趨向一致的動力，而一致即隱含開顯爲兩端的動力。

（丁）（戊）二則說明了所謂「兩端而一致」並不只是對於經驗的考察或者事物的詮釋方式，更重要的是它乃是道（存有）的開展方式，道之所以如此開展則是因道涵具了如此之動力。正因爲道之開顯是兩端而一致的，故人亦得以此兩端而一致的方式去揭露道之開顯。關連到前面所述的「道之開顯而爲歷史」，可見「兩端而一致」亦是歷史開展之規則。簡言之，「兩端而一致」的思維模式，依船山看來既是道開展的方式，亦是人詮釋道的方式，而人必得通過道之開展而成的歷史去詮釋道。

依船山看來，人是詮釋的起點，故「兩端而一致」的思維模式之運用，當自人之詮釋開始。船山說：

---

[39] 以船山學而言，具有「兩端而一致」這種辯證關係的當然不衹這些。大致說來，關於主客關係的有：「己—物」、「能—所」、「心—事」、「心—理」、「天—人」；關於認識活動的有：「明—誠」、「格—致」、「知—行」；關於思維方式的有：「名—實」、「分—合」、「別—統」、「同—異」、「一—多」；就史論來說則有：「必—偶」、「理—勢」、「因—革」、「逆—順」等關係；就政論來說則有：「治—亂」、「經—權」、「禮—刑」、「法—教」、「義—利」等關係。（參見郭齊勇〈《尚書引義》中關於認識主體和辯證邏輯的思想〉，收入蕭萐甫編《王夫之辯證法思想引論》，頁三五〇）就以上所舉這些例子來說，可見「兩端而一致」這個思維模式，船山使用的很廣泛，不但涉及的層面不同，方法自身基本的構造也不相同，請參看本文[33]。

（甲）「心有兩端之用，而必合於一致，天下有三絫之情形而各適如其分以應之。聖人之用心至於義精仁熟而密用其張弛、開合之權，以應天地動靜之幾，無須臾而不操之以盡其用。」[40]

（乙）「在天、在物、在人，三絫而固有不齊之道器，執一則罔於所通矣。」[41]

以上所引二則，（甲）說明了心具有一種對比而辯證的思考能力，而這種思考的能力則通貫「三絫」，使得「三絫」皆能各如其分以應之。（乙）則說明「三絫」指的是「在天、在物、在人」三者。「在天」指的是「道之自身」，「在物」指的是「道之開顯而成的自然史世界」，「在人」指的是「道之開顯而成的人性史世界」。[42]依（甲）而言，聖人之用心是義精而仁熟的，故他能以其詮釋的能力洞悉歷史，造乎其道。但義精而仁熟並不是直接去冥悟道之所得，而是通過分殊雜多之理解與認識而來。船山說：

（甲）「由一而向萬，本大而末小。本大而一者，理之一也；末小而萬者，分之殊也

---

[40] 見《尚書引義》〈益稷〉，河洛版，頁三四—三五。

[41] 見同上，前揭書，頁九八。

[42] 大陸學者郭齊勇將「在天、在物、在人」三者等同於自然界、動物界及人（見同[39]，前揭書，頁三四四），此不確。蓋船山之天意義頗爲豐富，有時指的是自然界，有時指的是人生界；有時就理而言，有時則就道而言，有時則合理勢而言。但總的來說天、物、人三者對比而立時，天指的是道，此是總括一切而爲言。船山之道復有多重之區分，一是自然之體，一是人類文化精神之綜合的象徵，於此則兼而有之。

……分惟其殊，人之所以必珍其獨。」[43]

（乙）「今夫天，則渾然一而已矣。天居一以統萬，聖合萬而皆一。」[44]

上引二則，（甲）說明了「道理之一」必開展而爲「殊多之萬」，而「殊多之萬」是由「道理之一」而來的。理一而分殊，但人則必得通過分殊方得識知理一。這可見船山注意到一種「一與多」的結構性對比，他希望能從「珍其獨」——重視「分殊」，而真正的進到「理一」的認取。（乙）所謂的「天居一以統萬，聖合萬而皆一」便清楚的展示了這個思想。天之內容是「道」，「道」是「一」，由一而開展爲萬，故「居一以統萬」。聖人具有對比而辯證的思維能力，他能通過「萬」的詮釋而造乎其道，能「合萬而皆一」。

「萬」指的是「分殊」、「部分」、「個別」；而「一」則是「理一」，是「全體」。「一」並不是萬殊所聚合而成的，「一」大於「萬之總合」，因爲一是萬的根源，一具有開展爲萬的能力。船山所謂的「合萬而皆一」並不是聚合萬有而歸之於一，而是說「萬殊之物」皆有「道一之理」。不過值得注意的是，這裏所謂「『萬殊之物』皆有『道一之理』」的「皆有」並不是說「萬殊之物」本已具有，而是說「萬殊之物」涵於「道」，由「道」而

---

[43] 見《尚書引義》〈泰誓上〉，河洛版，頁七五。

[44] 見同上，前揭書，〈咸有一德〉，頁五九。

說其具有。㊺人具有詮釋道之能力，因而人能諦知此「具有」，此「具有」先具於「道」，而後具於「人」，然後再具於「萬殊之物」。㊻「道一之理」開顯於「萬殊之物」，人是「道一之理」的揭發者，其揭發的程序則是透過萬殊之物而揭發之，「萬殊之物」則又通過人對「貞一之理」的揭發而貞定之。換言之，人是上通於道，下宰於物的樞紐，而且必其能上通於道，所以能下宰於物，亦因其能下宰於物所以能上通於道。㊼船山說：

（甲）「是故始於一，中於萬，終於一。始於一，故曰『一本而萬殊』；終於一而以始，故曰『同歸而殊塗。』」㊽

㊺ 筆者此處的分辨顯然是強調以一種「萬有在神論」（Panentheism）的觀點來理解船山有關「道——萬物」的關係，但值得注意的是，這旨在說明「萬有在道」——所謂的「萬有在道」指的是萬有皆可通於道，「通極」並不是當下即是，而是一永恒之歷程，於此永恒之歷程中顯其當下之圓頓義。相對於此，若以「泛神論」（Pantheism）之觀點來詮釋則「道——萬物」的關係便成為「道在萬有」——所謂的「道在萬有」指的是萬有中皆本具有道，於此便不顯「通極於道」的歷程義，而亦不能即此歷程而顯其圓頓義，它祇是寡頭的從一超越之道脫落下來，降到個殊之物的泛道論。這樣的泛道論極易使得「道——萬物」的關係流為一種「鏡照」（月照萬川）關係，這便使得道失去了創生義，亦失去了歷程義，而船山是極為重視創生義及歷程義的，故不似此。

㊻ 這裡所謂的先後是就理論層面而說的先後，並不是事實上的先後，就事實的層面來說，它們並無先後可言，它們是通統為一的。

㊼ 顯然筆者於此想要突顯出人的首出性，惟有突顯出這一點我們才能保住「道——萬物」的恰當關係。人經由萬物而詮釋道，這是對「道一之理」的揭發活動，而這個揭發活動並不只停於道，它必及於萬物，它之及於萬物，則是對於「萬殊之物」的貞定活動。前者重在「理解與詮釋」，而後者則重在「批判與實踐」，而事實上前後二者是通貫為一的。

㊽ 見《周易外傳》卷四，頁二〇，廣文版《船山易學》下，頁九一二。

（乙）「道之流行於人，始於合，中於分，終於合，以始終爲同時同撰者也。」㊾

上引二則，（甲）說明了由一而萬，再由萬而一的過程，一是「道一之理」，而萬則是「萬殊之物」。一是創造的起點，萬則是創造的歷程，而創造的終結則又歸於一；一亦是詮釋的起點，萬則是詮釋的歷程，而詮釋的終結又歸於一。（乙）則清楚的說道之流行於人，由於道之流行於人，因而人具有詮釋道及揭發道的能力，我們或者可以說這是從「合」——道之在其自己（Tao in-itself)而到「分」——道之爲其自己（Tao for-itstelf)，然後到「合」——道之在其爲其自己（Tao in and for itself)的過程。從合而分，是道通過人而開顯爲萬殊之物，道一之理遂亦展現爲萬殊之理；從分到合並不是又重新沒入「道」之中，而是由萬殊之理而締造了一個嶄新的道一之理，當然此締造是立基於原先那個「道一之理」所開顯的「萬殊之物」之上而說的締造。從「道之在其自己」的「始」到「道之在其爲其自己」的「終」是同時同撰的。「同時同撰」正指出「人」「道」之際一種互動關係，「人——道」構成了一詮釋的循環（hermeneutical circle)，而且亦構成了一創造的循環（Creative circle)。

「詮釋的循環」旨在彰顯「人——道」有其相互的詮釋關係，人經由萬物而詮釋了道，同時人之所以爲人亦因之而得其恰當而妥貼的詮釋；換言之，「人」之詮釋「道」即是「道」詮釋「人」。所謂「創造的循環」旨在彰顯「人——道」有其相互的創造關係，從道

㊾ 見同上，前揭書，卷六，頁六，廣文版《船山易學》下，頁九七七。

的觀點來說，人乃道之所造；從人的觀點來說，是人去詮釋道，並經由此詮釋更進一步的去參贊道，創造道，揭發道。道在人類文化歷程中不斷的被揭發、被創造、被參贊、被詮釋，人亦在此文化歷程中被道所造，人之被道所造的過程即是人揭發道的過程。

由上所述，可知「兩端而一致」的對比辯證思維模式，它不但是道（存有）開展的韻律，而且也是歷史進展的韻律，亦是具有人性身分的人、具有詮釋能力的人展開其詮釋活動的思維方式。「道」（存有）、「歷史」與「人之詮釋」終其極是通貫爲一的，存有學、歷史學及詮釋學是通貫爲一的。[50]

值得一提的是，本文所環繞的主題——所謂「兩端而一致」的對比辯證思維模式其確義爲何，筆者並未表述出來。筆者似乎衹援引船山的文字而意圖藉此來勾勒其思維方式。當然從陳述的脈絡中，我們似乎對船山這套思維模式或多或少有所理解，但這樣的理解衹是順文絡發展的理解，並不是單獨凸顯的理解。再者，從我們所徵引的船山言語片段已清楚的告訴我們若欲單獨凸顯地去理解其「兩端而一致」的對比辯證是極爲困難的，因爲船山對於「兩端而一致」的使用太廣泛了，不但論域有所不同，層次亦不相同，這樣一來便不是一個小節所能處理的，然則吾人仍須對船山這種思維模式作一總括的敘述。

---

[50] 類擬於 Martin Heidegger 在"Being and Time"中所揭示的「基本存有學」（Fundamental ontology）其理論架構是「存有者（Dasein）——存有理解（the understanding-of-Being）——存有（Being）」，船山「人性史哲學」所揭示的理論架構是「具有人性身分的人——歷史的理解與詮釋——道」。

我們可以扣緊船山詮釋的起點來理解這種思維模式，事實上，他深入所欲理解詮釋的對象之中，而建立了兩個詮釋的端點，這兩端點並不是截然劃分的，它們可以通過一種不休止的歷程將之關連起來，而之所以能通過歷程將之關連起來，則是因爲任何一個端點都隱含了趨向於另一端點的發展能力；單就此兩端點獨立的來看是各自獨立的，它們形成一種「對比的張力」（Contrast tension）(「兩端」)，而深入此兩端點的任一端，吾人發現彼此都具有互含的動力，由此互含的動力，而到達一種「辯證的綜合」（Dialectical synthesis）(「一致」)，把「對比的張力」和「辯證的綜合」掛搭在一起的說，我們便說這是一種「『兩端而一致』的對比辯證思維模式」。

五、結語：「詮釋」指向「實踐」

從經典的詮釋乃至歷史的詮釋，一直透露出船山詮釋方法論必通極於道的基本性格。所謂「通極於道」的詮釋方式則統括了理解、詮釋、批判、重建等歷程（具這些歷程是通貫爲一的），它旨在說明吾人可經由經典或歷史事件而洞察其深層的意義結構，並經由一種「詮釋的轉化」而上遂於道，達到一種「創造性的詮釋」。

創造性的詮釋並不是漫無依歸的臆想，而是以道爲依歸，以道爲判準的。創造性的詮釋其目的則在建立一恰當而嶄新的判準，並以之對經典或歷史事件做一批判，而批判的目的則指向經典的重建（上遂於道的重建）及歷史的實踐（上遂於道的實踐）。

這種「上遂於道而且又從道而下及於人間世萬有」的來往過程，於理論的層面即構成所謂的「詮釋的循環」，而於實踐的層面即構成「創造的循環」。值得注意的是，詮釋與創造依船山看來是通統爲一的，同樣都是通極於道，立基於人的。在這種「循環」(circle)中，即可凸顯其「兩端而一致」的對比辯證，它不僅是存有開顯的方式，歷史開展的方式，亦是詮釋活動的方式。

就船山學來說，顯然的是他經由世界的通觀與理解，探知「存在的歷史性」(existential historicity)含具了此基本模式，並且肯定經由此基本模式才可揭發存在的歷史性。換言之，作爲一個歷史存在而且具有人性身分的人來說，他是秉持著這套「兩端而一致」的對比辯證思維模式去理解自然、理解歷史並以此理解其自身；詮釋自然、詮釋歷史並以此詮釋其自身；參贊自然、參贊歷史並以此參贊其自身的。

第四章 「以理殺人」與「道德教化」

——環繞戴東原對於朱子哲學的批評而展開對於道德教化的一些理解與檢討

提要

本文將以戴東原對清初以來的朱子學所導致的『以理殺人』的情形提出一後設的省察，進而釐清道德規範與整個歷史社會總體的關係，進而指出道德教化中「生活世界」一概念的重要性。

首先筆者先由戴東原對於朱子「道德超越形式性原理」的質疑，凸顯「以理殺人」與「道德教化」的詭譎關聯，進一步去分析此「道德超越形式性原理」與「絕對宰制性原理」的內在邏輯關係。進而對於儒家原先所強調的「根源性的愼獨倫理」展開深層的結構分析，從而論析彼與「宰制性的順服倫理」有何關係。

之後，筆者指出此中所隱含的「咒術型的實踐因果邏輯」，從而企圖解開此「根源性的愼獨倫理」與「宰制性的順服倫理」的困結。最後，則強調吾人當今宜由「根源性的愼獨倫理」邁向一「生活世界的交談倫理」。

一、問題之緣起

劉鶚於《老殘遊記》中所提出的「清官殺人」是大家所知悉的，同樣的，早在一百多年前的戴東原便在《孟子字義疏證》中提出了「以理殺人」的控訴。不論是「清官殺人」，還是「以理殺人」，他們儘管殺了人，卻都口口聲聲的强調「道德教化」的重要性，甚至他們會告訴你，爲了道德教化便不得不殺了他們，或者說，之所以殺了人，乃是爲了道德教化的神聖性與莊嚴性。

依據道德教化的一般性來說，之所以要道德教化爲的是去促使人能完成其自己，尤其在中國傳統的儒家來說，它是通過人倫孝悌而展開的。現在我們將「道德教化」與「以理殺人」放在一起，說他們竟然密合難分，這便產生了極端悖謬的情形。如戴東原所控訴，以理殺人的情形的確存在，如此一來，我們便得去解釋這樣的悖謬情形是如何產生的？也就是說，是在什麼樣的狀況之下，「道德教化」非但不足以完成一個人的生命發展，也不足以安頓一個人的精神生活，反而產生了一個激烈的反控與暴虐性，使得一個人受制於它，甚至生命爲其所奪？是在一個什麼樣的情況下，「理」喪失了其恰當的規範性，而轉成一嚴重的宰制性，「理」不但不足以「以理生氣」，也不足以「寓理帥氣」，反而是「以理殺人」？是在什麼樣的情況之下，道德教化的神聖性與莊嚴性轉成霸權與暴虐？這的確是一值得深思的問題。

我們將「道德教化」與「以理殺人」擺在一起，去正視它們的悖謬，如此一來，便得擺脫以前我們談論道德教化的方式，以爲道德教化一定是好的，它不會產生些什麼副作用。其實，「道德教化」是一個極爲實際的問題，除了大談良知的先驗性與道德的自主性以外，有一個向度可能長期爲我們所忽略，那便是道德教化與整個歷史社會總體的互動關聯，道德教化與廣大的生活世界的密切關係，或者縮小範圍來說，道德教化與人的實存情境有著絲絲人扣的關係，須得正視。筆者這篇文章的目的在於通過戴東原對於朱子哲學的批評，去闡明道德教化之爲道德教化，必然得與整個歷史社會總體相關，與廣大的生活世界相關，與具體的實存情境相關；並因之而經由一哲學人類學與歷史社會學的觀點，去釐清道德教化與社會宰制所可能存在的複雜糾結，從而點示出當前我們在從事道德教化（或者說道德教育）活動時可能得注意的是些什麼。

二、戴震對於道德超越形式性原理之質疑

依筆者看來，我們或可將所謂的儒學分成「帝制式的儒學」、「批判性的儒學」與「生

活化的儒學」，這是就儒學的社會學層面而作的省察❶；若就儒學的人性論系統來說，筆者則以爲儒學可以分成「道德人性論」、「歷史人性論」及「自然人性論」這三個側面。「帝制式的儒學」是從漢董仲舒以後所開展的一種歷史常態，這樣的儒學爲帝皇專制所吸收，而成爲帝皇專制者統制的工具。「批判性的儒學」則稟持著堯舜之治的理想，格君心之非，與帝皇專制形成對立面的一端。至於「生活化的儒學」則强調人倫孝悌與道德教化，它與廣大的生活世界結合爲一體，成爲調解「帝制式的儒學」與「批判性的儒學」的中介土壤，它緩和了帝制式儒學的惡質化，也長養了批判性儒學的根芽。「帝制式的儒學」、「批判性的儒學」與「生活化的儒學」三者形成一體而三面的關係。筆者想說儒學傳統並不是單元的，而是多元的，以其多元性，所以自成一系統而發展。今人常忽略了儒學傳統內在的多元性，這是值得檢討的。當然，是在一個什麼樣的狀況下，使得當代的中國知識分子無視於儒學的多元性傳統，或者說，在什麼樣的情境下，使得儒學成爲單元化的傳統，這是值得注意的。若就戴東原的哲學來說，他分明是站在批判性的儒學的基礎上，對於帝制式的儒學提出了嚴厲的批評。須知，惟有如此的批評，才能使得生活化的儒學重新長出根芽來。

再者，就儒學的人性論系統來說，道德人性論者就宋明理學來說，約可分成兩途，一是

---

❶ 關於此，見林安梧〈略論儒學的三大面向〉，一九九一年手稿，未刊。

强調「道德的超越形式性原理」，如主張「性即理」學說的伊川、朱子即是如此❷，另一爲强調「道德的主體能動性」，如主張「心即理」學說的象山、陽明即是如此。❸就歷史人性論而言，他所强調的是人性所隱含的歷史性，以及歷史性中的人性，强調人性乃是一「命日降，性日生日成，未成可成，已成可革」的歷程中之所產，但又是使得此歷程之所以開展的可能，此可以船山學爲代表。❹就自然人性論而言，他所强調的是血氣心知，天理不離人欲，只是「自然」與「必然」的區分，强調人之爲人可貴的是能夠洞察自然之爲自然，而給與一必然之理解、詮釋與規範，此可以戴東原爲代表。❺戴東原之批評朱子，便是以自然人性論的立足點來對於朱子所强調的超越形式性原理提出一嚴厲的批評。戴東原說：

> 「聖人之治天下，體民之情，遂民之欲，而王道備。人知老莊釋氏異於聖人，聞其無欲之說，猶未之信也，於宋儒則信以爲同於聖人。理欲之分，人人能言之，故今之治人者，視古賢聖體民之情，遂民之欲，多出於鄙細隱曲，不措諸意，不足爲怪；而及其責

---

❷ 請參見林安梧〈知識與道德的辯證性結構——對朱子學的一些檢討〉，《思與言》，第廿二卷第四期，一九八四年十一月，頁一－一三。

❸ 請參見林安梧〈象山心學義理規模下的本體詮釋學〉，《東方宗教研究》一期，一九八七年，頁一六九－一八七。

❹ 〈王船山的歷史詮釋學〉，《晚明思潮與社會運動研討會論文集》，台北，淡江大學，一九八七年十二月，頁二二一－二五五。

❺ 余英時於〈儒家智識主義的興起〉一文中即確定的指出戴東原可以說是一儒學的智識主義者。見氏著《戴震與章學誠》，台北，民國六十六年九月，頁一五－三〇。

以理也，不難舉曠世之高節，著於義而罪之。尊者以理責卑，長者以理責幼，貴者以理責賤，雖失謂之順；卑者賤者以理爭之，雖得謂之逆，於是下之人不能以天下之同情、天下之所同欲，達之於上。上以理責其下，而在下之罪人不勝指數，人死於法，猶有憐之者，死於理，其誰憐之？嗚呼！雜乎老釋之言以為言，其禍甚於申韓如是也。」❻

戴東原首先拈出聖人之治天下，並不是强調那超越的形式性原理而得治此天下，而是要「體民之情，遂人之欲」，如此才能王道備。這裡，顯然的，戴東原肯定了情欲的重要性，他以爲情欲是人之所以爲人的生命自然狀態，不容滅殺。相對於此來說，老莊釋氏（道家與佛教）所强調的無欲之説，便違反了生命的自然狀態。戴東原以爲就此來説，程朱之不能正視人的情欲之重要性正與老釋所言相同。於此，戴東原對於程朱及老釋的批評或許不當，但是他之所以這樣批評並不是沒有理由的。這裡，戴東原發現到，如果高揚理的超越性而忽略了（甚至貶抑）情欲，勢將造成嚴重的禍害。他所謂「及其責以理也，不難舉曠世之高節，著於義而罪之。尊者以理責卑，長者以理責幼，貴者以理責賤，雖失謂之順；卑者賤者以理爭之，雖得謂之逆，於是下之人不能以天下之同情天下之所同欲，達之於上。上以理責其下，而在下之罪人不勝指數，人死於法，猶有憐之者，死於理，其誰憐之？」（同❻），顯然的，這樣的「理」已不只是具有規範性的作用，而成了嚴重的宰制性迫害。

❻ 見戴東原《孟子字義疏證》，台北，河洛圖書出版社印行，民國六十四年，卷上，頁五五。

規範性的「理」是怎麼樣轉成宰制性的迫害呢？這是一值得深思的論題，依戴東原看來，這個問題的關鍵點在於沒有把握住道德實踐的真切面，沒有把握住道德實踐是一生活世界中的事情，是一具體的體現於歷史社會總體中的事情。如果將道德實踐從生活世界中孤離開來，從歷史社會總體中孤離開來，那道德實踐不但會落空，而且極可能墮爲一劣質的意識形態，進而產生一種意識形態上的反控。戴東原雖看出了當時的歷史社會總體使得長者、尊者拿「理」來作爲宰制性的工具，但他仍然未深切的去豁顯出何以理會異化成宰制者的工具。由於如此，他將這問題歸咎於老釋之言。或者，我們可以說戴東原看到了當時歷史社會總體下的道德實踐的異化問題，但他所做的分析並不是關聯著道德實踐而做的歷史社會總體的結構性分析，而是落在人的心靈意義結構下所做的分析，而這樣的分析是以佛、老做爲靶子的。戴東原說：

「宋儒程子、朱子，易、老、莊、釋氏之所私者而貴理；易彼之外形骸者而咎氣質，其所謂理，依然如有物焉宅於心，於是辨乎理欲之分，謂不出於理則出於欲，不出於欲則出於理，雖視人之饑寒號呼、男女哀怨、以至垂死冀生，無非人欲，空指一絕情欲之感者爲天理之本然，存之於心；及其應事，幸而偶中，非曲體事情，求如此以安之也；不幸而事情未明，執其意見，方自信天理非人欲，而小之一人受其禍，大之天下國家受其禍，徒以不出於欲，遂莫之或寤也。凡以爲理宅於心，不出於欲則出於理者，未有不以

意見爲理而禍天下者也。」❼

如上所言，戴東原不見得真切的瞭解程朱與老釋之言，但就其論述的過程中，我們可以發現當時的朱子學（或者更嚴格的說是戴東原所批評的朱子學），過分的强調那超越的形式性原理，他們所强調「存天理、去人欲」的主張，其實與老莊釋氏的「外形骸」相似，這樣子的不能正視氣質之性，便將人之饑寒號呼、男女哀怨、以至垂死冀生，都視成人欲。將那絕了情欲之感的天理之本然，存之於心，執此爲意見，而宣稱其爲天理。似乎戴東原將程朱學之强調「存天理、去人欲」全看成是受佛老的影響，此自不恰當，但他卻也看到了理的空洞性與可工具性。問題是：何以理會變成空洞，而可被異化成一宰制者的工具，戴氏並未真切的做出歷史社會總體的分析。不過，他卻也通過古今對比的方式，說出了「理」的異化狀況。戴氏指出：

「人之患有私有蔽，私出於情欲，蔽出於心知。無私，仁也；不蔽，智也。非絕情欲以爲仁，去心知以爲智也。是故聖賢之道無私而非無欲，老莊釋氏無欲而非無私，彼以無欲成其自私者也，此以無私通天下之情，遂天下之欲者也。」❽

---

❼ 見戴東原《孟子字義疏證》，卷下，頁一二七。

❽ 同上註。

顯然地，戴東原是從血氣心知的立場來把握所謂的人性，他所著重的是作爲一個歷史社會總體中的具體之個人，而不是一抽象的人性。因爲，如其所見的，那些高舉超越的形式性原則的抽象人性論者，極易落到絕情欲、去心知的地步。這麼一來，便將無私與無欲混淆爲一，將去蔽當成去心知，而落入反智的地步。再者，無欲不見得就可以無私，而且極易由於上下長幼尊卑的分位，那上者長者尊者便以所謂的「無欲」來要求下者幼者卑者，而成其大私。因爲吾人不能正視具體化與個體化的原則，徒強調超越的形式性原則，在一專制的文化結構中，便極可能將那超越的形式性原則與其帝皇專制的結構內化爲一體，而形成一迫壓的力量，造成一種禁欲式的宰制狀態。戴東原說：

「古之言理也，就人之情欲求之，使之無疵之謂理；今之言理也，離人之情欲求之，使之忍而不顧之謂理。」❾

依戴氏看來，理當然要具有規範性的作用，但「理者，存乎欲者也」，理之所以爲理是要在人的材質性原則（欲）中落實的，離去了這個材質性的原則，理變成一架空之物，這樣的一個架空之物，他仍然有一要求落實的驅力。其驅力無得恰當的落實，便假一可依附之物而落實，又專制者既以專制之結構而假借此超越的形式性之理以爲規範，則兩者便形成一體

❾ 見戴東原《孟子字義疏證》，卷下，頁一三六。

化的關係。人們的情欲受到了宰制性的控制，這樣的宰制性之控制本身當然即是一殘忍之行，而其被控制者之作爲此殘忍之行的對立面之一端，亦常被內化爲另一種殘忍之行。

三、道德超越形式性原理與絕對宰制性原理之關係

上節我們經由戴東原對於朱子哲學「道德超越形式性原理」的質疑，點出此「道德超越形式性原理」在一特殊的歷史社會總體狀況下，異變滑轉成一「絕對宰制性原理」，轉而表現出其專制性與暴虐性。本節，筆者將更進一步去疏清道德超越性原理的內在義涵，並闡明它與宰制性原理的關係。

一般說來，我們都說朱子哲學可一言以蔽之曰「性即理」也，這樣的「性即理」與戴東原所說的「理者，存乎欲者也」，顯然大相逕庭。就表意看來，「性即理也」指的是人的本性就是天理，或者說人的道德本性就是那超越的形式性原理，人與整個宇宙有其內在的同一性，而這樣的同一性是就其法則面而說的（按：相對而言，强調「心即理」者，便是落在動力面而說）。或者，我們可以這麼說：

「『性即理』指的是將『人與宇宙的內在同一性』視爲一『超越的形式性原則』。就其爲超越的，可以知其爲先於人的生活世界與整個歷史社會總體的，是一虛廓之體，故說是一形式性的原則，此形式性的原則必須掛搭於作爲實質性原則的氣上，才得開顯。或

者，我們可以說，經由實質性原則氣上的磨練，才能使那超越的形式性原則由隱之顯，這由隱之顯的過程即是一道德實踐的過程。朱子所謂『涵養用敬』，『格物窮理』皆指此而言。」⑩

筆者以爲朱子「性即理」學說的提出，代表著宋代的嶄新精神，它指向一新的人文發現，人的本性是通極於天理的，無須假借，無須經由世俗階層來闡明自家的身分，只須要回到自家德性之路，自能以此來闡明自家的身分。「性即理」學說之被視爲集宋明理學之大成，這除了在學問內部而言，有其傳承與闡揚的脈絡外，尤爲重要的是，它代表著整個宋代讀書人的自覺聲音之總結。這樣的自覺聲音發自范仲淹、胡瑗、孫復、石介等人，而繼續爲宋明理學家們所理論化，並轉而爲一道德修養的歷程，完成此形而上的保存。當我們這麼說時，意味著吾人必須將朱子的「性即理」的學說放在一更爲寬廣的境域中來理解，才不至於自說自話，因爲一切的思想總離不開其生活世界與歷史社會總體之影響的，而又回過頭來影響著那個生活世界與歷史社會總體。

宋代養士經歷百餘年，有了相當的成效，此成效即所謂「一種新的人文精神之重新發現」；但這樣的新的人文精神之重新發現是在強敵環伺、內憂外患的情況下而湧現的，因

---

⑩ 見林安梧著〈實踐的異化及其復歸之可能——環繞台灣當前處境對新儒家實踐問題的理解與檢討〉，《儒釋道與現代社會學術研討會論文集》，台灣台中，東海大學哲學研究所，民國七十九年十二月，頁一六四。

此，他自難有一寬闊的胸襟與懷抱，而是時時刻刻處在一種危機意識中。如何去克服此種危機意識所帶來的動盪不安，如何在此動盪不安的情境下，尋得自家生命的同一性，便成爲他們心中最爲重要的課題。⓫誠如錢賓四先生所說：

「他們開始高唱華夷之防，又盛唱擁戴中央，他們重新抬出古代來矯正現實，他們用明白樸質的的古文，來推翻當時的文體，他們因此闢佛老，尊儒學，尊六經，他們在政治上幾乎全體有一種革新的要求，他們更進一步看不起唐代，而大呼三代上古。他們說唐代亂日多，治日少，他們在私生活方面亦表現出一種嚴肅的制節謹度，而帶有一種宗教狂的意味，與唐代的士大夫恰恰走上相反的路徑，而互相映照。因此，他們雖則終於要發揮到政治社會的實現問題上來，而他們的精神要不失爲含有一種哲理的或純學術的意味。所以唐人在政治上表現的是事功，而他們則要把事功消融於學術裏，說成一種義理。尊王與明道遂成爲他們當時學術之兩骨幹。」⓬

⓫ 王夫之關聯了人性與歷史，而於《宋論》中說宋太祖能「懼以生慎、慎以生儉、儉以生慈、慈以生和、和以生文」，頗能顯現出宋代的精神風貌，請參見林安梧著《宋論導讀——以「人性史哲學」爲背景的王船山史論》，台北，金楓出版社，一九八六年十二月，頁一五。

⓬ 請參見錢賓四《國史大綱》，第六編，第三十二章〈士大夫的自覺與政治革新運動〉，上海，商務印書館發行，民國廿九年六月初版，頁三九八、三九九。

高唱華夷之防、盛倡擁戴中央，闢佛老、尊儒學，復古革新，有嚴肅主義的傾向，在這樣的情境下，而誕生了朱熹的「性即理」的學説。這樣的學説，一方面走的是深化、內化一路，而另方面我們可以説它之所以深化、內化，乃因爲其向外、向廣的強度減弱了，開拓不出而折反回來。這樣的折反，使得自我小化、弱化，但卻也因之而轉爲內化、深化。相應於此，我們可以發現在文學上，唐詩的綺麗、豐富不見了，剩下的是理境的鋪陳。好聽的説是「皮毛落盡，精神獨存」，但問題是這樣的「精神」固是內化、深化了，但卻也因之抽象化、空洞化了。空洞化、抽象化的精神不往具體而實在的寬廣宇宙開拓，因爲它的力量已然弱化、小化，它只順著以前的「成績」，以「成文」的方式，文字化、規格化、技巧化。雖然，由於它仍順著傳統的賡續性，因此並沒有因此就僵化、外化、形式化，而是轉爲內化與深化。由詩而詞，質樸而寬廣的世界轉爲細緻而優雅的境界，散文方面的寫作亦然，繪畫方面亦然，哲學方面亦然。理學與心學的高峰其實只是這種弱化、小化而來的深化與內化，境界或許依然寬闊，但是世界已然狹促。文字的考辯、心性的講求，透露著一種精緻與纖巧，道德實踐亦漸轉而爲自我內在修養的講求。正如錢賓四先生指出：

「宋儒的自覺運動，自始即帶有一種近於宗教性的嚴肅的道德觀念，因此每每以學術思想態度上的不同，而排斥異己者爲姦邪。」⓭

⓭ 見同上註，頁四二八。

其實，我們可以說宋儒在嚴格的自我內在修養講求中，道德一方面成爲自我脅迫，而另方面則可能造成社會肆虐，而這兩者極可能是相應著整個社會的宰制與異化而愈形强烈；再者，在此自我脅迫與社會肆虐的另一個對立面，它又開啓了一新的精神理境。這是由於諸多文字的圍牆所環繞而成的一個極爲奇特的回音，它奏出了一新而奇特的交響曲。儘管他們一再的宣稱這樣的交響曲是空曠而開放的，但其實是已然狹小而封閉。明顯的，十三世紀末的儒學並不是立於朝的黃鐘、大呂，也不是行於世的春風時雨，它卻成了帶頭巾氣、山林氣的書生之議。宇宙，在表達上，仍然是大宇宙，但究竟的看，宇宙已是小宇宙，是由人們的本心去收攝而成的宇宙，不是人進到世界中的大宇宙。宋儒這種「天地在人心之中」，比起唐代之「人即生活在此天地之間」，有著一百八十度的轉變，他們之所以大人之本心，而小了天地，此因爲當時國勢之積弱不振，有危機意識所使然，因惟有如此，才能找尋到一生命之定位，亦惟如此，才能有天地。

做了以上的分析，我們可以進一步清楚的指出：朱子所提「性即理」的學說是在一個侷促的、充滿著危機意識的大環境下提出來的。爲了免於整個族群的動盪與飄搖，如何去强化整個族群的心靈意識及存在的底據是極爲必要的。在這種情形之下，朱子所提出的「性即理」學說自然而然的與「尊君」的傳統結合爲一。再者，配合著「尊君」，聯帶而來的有「華夷之辨」、「人禽之辨」、「王霸之辨」、「三代漢唐之辨」，不過一切都是以尊君爲核心而展開的。這樣子來看朱子的「性即理」學說，我們便可以清楚的發現在其精緻的哲學論辯之後，其理論效果爲何了；而所謂人的重新發現又是如何的發現，發現到一個什麼樣的程度，也就不言可喻了。我們因之當可以大膽的說：朱子在宇宙論方面的「理先氣後」的論點，在人性論方面的「性即理」及「心統性情」的主張，還有在實踐論方面所主張的「格物窮理以致其知」的見地，都隱含著一個保守主義的觀點，一切迴向於那歷史社會總體的統體象徵——帝皇。或許在宋朝時代，由於文風甚盛，朱子以其性即理的學說及道統之說，而形成一與帝皇專制相互依倚而又相互抗衡的傳統。但值得注意的是，這樣的一個相互依倚相互抗衡的傳統，一直無法形成一結構性的客觀抗衡，它只是一意義的主觀抗衡，它是上下的、隸屬性的、弱勢的抗衡，而不是一左右的、對等的、强勢的抗衡。

因爲，畢竟帝皇專制是現實的，而且是有勢力的，而儒者之統則往往是理想的，而且常只能是以身殉道的方式來表達其對真理的執著而已。這樣的均衡關係一旦有所變動，專制的國君往往便取得了絕對的優勢，他便可以將其同體而對立的一端轉成爲其宰制的工具，進而內化成一個整體。這時朱子學的「性即理」學說所强調的超越形式性原理便一轉而爲宰制性的原理。

四、從根源性的愼獨倫理到宰制性的順服倫理

如上所說，朱子哲學所著重的是超越的形式性原理，就理論而言，相對於廣大的生活世界及整個歷史社會總體，這個超越的形式性原理具有優先性；但弔詭的是，在實際上，它與被帝皇專制及以之爲核心所構造而成的絕對宰制性原理渾同爲一。在中國政治文化傳統中，

儒學實踐所强調的「天理」與帝皇專制下的「君意」及宗法封建下的「父意」有著曖昧難理的關聯，此中隱含著「道的錯置」麻煩問題。[14]清康熙帝便清楚的掌握住這個曖昧而又微妙的關係，他一方面掌握住了國家的機器，另方面則又尋求到了鞏固其統治的意識形態，這便是朱子學。在清康熙五十二年（西元一七一二年），他諭旨朱熹牌位從聖廟的東廡先賢之列移到正殿大成殿的十哲之次，並令李光地、熊賜履等編纂《朱子全書》並御製書序。朱子哲學成了比以前更爲官方的意識形態，作爲統治整個國家的唯一意識形態。[15]

大體說來，我們可以說朱子學之所以易成爲滿清皇朝統治的工具，一方面是因爲朱子學流傳於中國已有四、五百年之久，從元代定之爲科舉考試必讀之書以來，更是深入到整個民間；另方面則朱子所强調的「理先氣後」的理論結構與滿清原始薩滿教的長生天信仰在思維的構造上極爲類似。清康熙帝之獨尊朱子學就其文化傳統有其足可接榫之處，若是選擇陽明學，則無可接榫之處。[16]以帝皇之尊有意地運用朱子學，如此一來，朱子原來所强調的超越形式性原理，自然從道德實踐的層次轉而爲一宗教的絕對宰制層次，再由此宗教的絕對宰制

[14] 參見林安梧著〈論道的錯置——對比於西方文化下中國文化一個宰制類型的分析〉，《鵝湖月刊》第二百期，一九九二年二月，頁二九－四〇。

[15] 關於此，請參看黃進興〈清初政權意識形態之探討：政治化的道統觀〉一文，《中央研究院歷史語言研究所集刊》，第五十八本，第一分，一九八七年。又見孫明章〈清初朱子學及其歷史的反思〉，收入鄒永賢主編《朱子學研究》，福建，廈門，廈門大學出版社，一九八九年五月。

[16] 關於滿清薩滿教的崇拜問題，請參見富育光著《薩滿教與神話》，遼寧，遼寧大學出版社印行，一九九〇年十月，頁一三一－一三七。

層次轉手而爲政治的絕對宰制層次，之後再推而行之於社會之中，無所不在，成爲一種社會的意識形態控制。

從道德實踐的層次轉而爲宗教的絕對宰制層次，這只有一線之隔，極爲容易；再由此轉手而爲政治的絕對宰制層次，對於帝皇專制已千數百年的族群來說也是一件容易的事情。不過，這件事情在清朝是更爲徹底的，而之所以徹底是因爲整個清代的道統又從讀書人轉到了皇帝的手裡，道統與治統從原來分而爲二的狀態，又合而爲一。大體說來，從孔子之後，儒者的道統與帝皇的治統是徹底分開的，到了朱子特異的標出道統，更是給予儒生一有力的精神資源，而與帝皇專制的傳統形成一相互依倚而相互抗衡的關係。如王船山便大力的強調「天下所極重而不可竊者二：天子之位也，是謂『治統』；聖人之教也，是謂『道統』。」，只可惜由於一些「敗類之儒，鬻道統於夷狄盜賊而使竊」⑰，這便使得道統與治統渾而爲一，造成不可挽救的專制狀況。如清代的李光地便曾上奏說，以前的道統與治統是合而爲一，以後才分而爲二，又依據《孟子》書所說的「五百年必有王者興」的說法，強調從朱子之後到康熙帝又是五百年，是應「王者之期，躬聖賢之學，天其殆將復啓堯舜之運而道與治之統復合乎？」⑱以前的儒者一提到道統與治統，便說道統是「理」，而治統則是「勢」，就這兩者來說，仍以「理」爲尊，而「勢」則爲卑；但清代由於道統與治統之結合

---

⑰ 以上所引均見於王夫之《讀通鑑論》，卷十三，頁四〇八、四〇九。

⑱ 李光地《榕村全書》，卷十，轉引自黃進興，前揭文，頁一〇九。

爲一體，這便使得尊卑的理勢關係有所改易。即如焦循亦作如是想，他說：

「明人呂坤有《語錄》一書，論理云：『天地間惟理與勢最尊，理又尊之尊也。廟堂之上言理，則天子不得以勢相奪。即相奪，而理則常伸於天下萬世。』此眞邪說也，孔子自言事君盡禮，未聞持理以要君者。呂氏此言，亂臣賊子之萌也。」[19]

顯然的，當君皇徹底的取得了宰制性之後，原先的「理」已異化成工具，這時候的「禮」便只成了封建的、宗法的、帝皇專制的，那種上下尊卑的絕對專制性隸屬性的關係而已。上下尊卑的絕對隸屬性關係一旦形成，原先的「根源性的愼獨倫理」便扭曲異化，滑轉而爲一「宰制性的順服倫理」。

儒家道德倫理之爲可貴的是，它並不停留在一工具性的、效果論式的倫理考量，而是經由一眞存實感，强調一種「我與你」這樣的實存關係，[20]而以「一體之仁」這樣的「怵惕惻隱」，以一無所依傍的道德人格，直透本源，而成就一根源性的愼獨倫理。這樣的根源性的愼獨倫理是經由原先的血緣性的自然聯結，以孝悌人倫之道而開展出去的。之後，這樣的根源性的愼獨倫理又由於帝皇專制的格局，在這種宰制性的政治聯結之下，而形成一個獨特的

[19] 焦循《雕菰集》，台北，商務印書館，國學基本叢書，卷十，頁一五一。
[20] 關於此，請參見林安梧〈邁向儒家型意義治療學之建立〉一文，《唐君毅思想國際會議論文集》（香港，一九八八年十二月）又刊載於新加坡出版的《亞洲月刊》，一九八八年八月，及臺北出版的《鵝湖月刊》，一九八九年十月。

關係。大體說來，此時的「人格性的道德聯結」與「宰制性的政治聯結」形成一個對立面的兩端，而又相互抗衡、相互依倚，而形成一個整體，而那「血緣性的自然聯結」則形成一寬厚的土壤作爲前兩者的緩衝及休養生息之所。如上所說那「人格性的道德聯結」便是所謂的「道統」，而「宰制性的政治聯結」便是所謂的「治統」，至於原先的「血緣性的自然聯結」則可視之爲道統與治統的天地。㉑三者形成一個三角形，道統與治統形成抗衡的兩端，而根源性的慎獨倫理之所以還成爲可能，則因這兩端的張力尚在故也。一旦，兩端的張力被破壞，而完全歸之於帝皇專制一端，則根源性的慎獨倫理便瓦解了，它異化成一宰制性的順服倫理。

這裡所說的「根源性的慎獨倫理」，我們可以做這樣的理解——蓋獨也者，無所對待，無所依傍，獨立無匹，那根源性之整體之謂也；慎也者，對於那冥冥中的絕對者的根源性之追溯而引起之根源性的情感之謂也。這樣「根源性的慎獨倫理」所指的是對於那根源性的整體存有的一種倫理態度。顯然地，這樣的倫理是以其根源性的整體做爲其思考的依憑（Horizon），是以其根源性的、活生生的、源泉滾滾的生活世界之總體作爲其參贊的依憑。他相信自然的大宇宙與人文的小宇宙是通而爲一的，天人不二，天與人有其內在的同一性，人只要經由內在修爲的功夫便可以拓深自家的生命，直契那生命的根源，由此生命整體的內

㉑ 關於此，請參見林安梧〈論道的錯置——對比於西方文化傳統對於中國文化一個宰制類型的分析〉。

在根源自如其如的開顯其自己，源泉滾滾、沛然莫之能禦。㉒根源性的慎獨倫理是人以其爲一「活生生的實存而有」進到一活生生的生活世界而開啓的一種倫理，這樣的倫理是具有開放性的倫理，是以每一個活生生的實存而有爲核心而開啓的道德自主性的倫理，它並不是一宰制性的倫理。㉓

但是在帝皇專制的絕對宰制底下，這樣的根源性的慎獨倫理徹底異化了。帝皇取代了原先的「天」這樣的根源性之總體的地位，因而原先的開放性瓦解了，取代的是徹底的封閉性。再者，原先對於那根源性之整體的敬慎轉而爲對於那絕對威權者的怖慄，原先的生活世界，現在成爲徹底被帝皇所宰控的私產。原先所謂的「慎獨」的「獨」指的是那無所依傍、無所對待、獨立無匹的根源性整體，而現在則轉而爲那絕對的專制性權威，即孟子所謂的「獨夫」的「獨」。慎獨也者，異化滑轉而爲對於那絕對權威的獨夫之怖慄與畏懼，在這樣宰控之下，只能小心翼翼的恭順服從而已。這樣子一來，「根源性的慎獨倫理」徹徹底底異

㉒ 在《四書》的《大學》與《中庸》都論到了「愼獨」，《大學》的第七章說「所謂誠其意者，毋自欺也，如惡惡臭，如好好色，此之謂自慊，故君子必愼其獨也。小人閒居爲不善，無所不至，見君子而後厭然，揜其不善，而著其善，人之視己，如見其肺肝然，則何益矣。此謂誠於中，形於外。故君子必愼其獨也。」又《中庸》首章即謂「天命之謂性，率性之謂道，修道之謂教。道也者，不可須臾離也，可離非道也。是故君子戒愼乎其所不睹，恐懼乎其所不聞，莫見乎隱，莫顯乎微，故君子愼其獨也。」大體說來，《大學》所重之愼獨在察識於已發之後，而《中庸》所重之愼獨則在涵養於未發之前。前者著重於當下之契入，而進入到那根源性之整體；後者著重於由那整體的根源之涵養，而使之存有爲其開啓也。

㉓ 關於此「活生生的實存而有」請參閱林安梧《存有、意識與實踐——熊十力體用哲學之詮釋與重建》，第二章、第二節「邁向一『活生生的實存而有』的體用哲學」，台北，東大圖書公司，民國八十二年四月。

化而滑轉成了一「宰制性的順服倫理」。

五、解開根源性的慎獨倫理與宰制性的順服倫理之困結

如上節所論，我們已然發現「根源性的慎獨倫理」與「宰制性的順服倫理」是如何的結合爲一的。再者，我們將進一步指出如何的從此根源性的慎獨倫理與宰制性的順服倫理的糾結中解放出來，而開啓一新的道德倫理之可能。依朱子哲學而言，根源性的慎獨倫理之爲根源性是以其「超越的形式性原理」爲根源性的。再者，所謂的「慎獨」乃是關聯著此「超越的形式性原理」而起的，它是在一靜默敬謹的情境下而契入到活生生的根源性之源中的。

雖然，我們强調這樣的「根源性的慎獨倫理」有其開放性，而不是封閉的。它所著重的是經由道德的修養工夫使得此道德的根源性能得開啓，如此自能源泉滾滾，沛然莫之能禦。朱子哲學所强調的「涵養主敬」與「格物窮理」，如一車之雙輪，其所作的工夫重點便在於如何的迴向此形而上的根源。他所著重的是迴向道體，因爲他以爲惟有迴向道體，才可能開啓實踐，才可能邁向世界。[24]如朱子所論的根源性的慎獨倫理，我們卻可以發現這樣的實踐因果邏輯隱含著一極爲奇詭的「咒術性格」，而這樣的咒術性格是與歷史社會總體的宰制密

---

[24] 見林安梧〈知識與道德的辯證性結構——對朱子學的一些探討〉，原發表於《思與言》二二卷四期，一九八四年十一月，後收入拙著《現代儒學論衡》一書，台北，業强出版社印行，此所述請參見該書頁一六五。

切相關的。或者，更恰當的說，此咒術性格並不是朱子道德哲學之所產，而是中國文化傳統之所涵，而朱子之道德哲學亦不能免於此。尤其經由帝皇專制所宰制而造成的異化，這樣的朱子學更加深了其咒術性格。

這麼樣說來，根源性的慎獨倫理是與此咒術性格俱起而不分的，或者我們可以說，這樣的實踐因果邏輯在其展開的途徑，一旦遭遇到困境，便極易異化成一咒術型的實踐因果邏輯。筆者曾於〈從咒術型的因果邏輯到解咒型的因果邏輯〉一文中指出：

「大體說來，這樣使用的『咒術型的因果邏輯』指的是『以為經由一種特殊的神祕途徑，能與冥冥中的絕對者融合為一，進而由此冥冥中的絕對者發出一巨大的力量，直接的作用於吾人所處的生活世界之中，使得吾人的生活世界所發生的事件，受到此冥冥中的絕對者之直接控制。』」[25]

顯然的，這樣的「咒術型的因果邏輯」其特色在於那超越的絕對者隨時直接的控制著吾人的生活世界，在這種情況之下，吾人的生活世界顯然的失去了獨立性，它只是依附於此超越的絕對者。或者說，吾人的生活世界與那超越界並未形成一「對列之局」，而只停留在

---

[25] 見林安梧著〈從咒術型的因果邏輯到解咒型的因果邏輯——中國文化核心困境之轉化與創造〉，《台海兩岸文化思想學術研討會論文》，國立中央大學，民國八十一年二月十九日、廿日，台北。收入拙著《台灣、中國——邁向世界史》一書，第三章，台北，唐山出版社印行，民國八十一年八月。

「隸屬之局」的狀況下而已，這也就是我在文中所說：

> 「『咒術型的因果邏輯』是通上下陰陽二界的，是以一超越的咒術之絕對作爲一切因果、的歸依。」（同㉕）

順此而言，我們將可以清楚的發現原先所謂的「根源性」，其所强調的是以一種「我與你」這樣的存在樣態而開啓的，這是經由一種人與人、人與物、人與天，那種不可自己的內在感通。這樣的感通並不是一「隸屬之局下的順服」，而是「對列之局下的互動」。根源之爲根源並不是有一個與此世界割離開來的形而上的咒術之源，而是就此世界之爲一活生生的生活世界，就其爲一具有根源性的整體之自如其如而顯發的生活世界而說的根源。換言之，根源之爲根源是以我們自家的生命爲根源的，是以我們的生活世界爲根源的。根源的起點乃是此「活生生的實存而有」進到這個世界中，而開啓一活生生的生活世界而說其爲根源的。根源並不是一冥冥中的絕對者，並不是一絕對的專制者，也不是朱子學的超越形式性原則。

雖然，朱子曾根據此超越的形式性原理而據此與帝皇專制形成一抗衡的關係，但我們卻可發現即如這樣的抗衡也只是意義下的抗衡，而不是結構性的抗衡，而且他所據以抗衡的資源實不免於走向咒術性的絕對體，冀求如此而獲得根源性的力量以突破現實的困境。換言之，就朱子本人來說，他所强調的超越的形式性原理是帝皇專制的宰制性原理的另一個對立面，它與之形成既相依倚而又相互抗衡的一體性關聯。或者，我們亦可以說，在實際作爲上朱子是與帝皇專制相互抗持的，但底子裡，朱子哲學所强調的「超越形式性原理」卻與帝皇專制的宰制性思維模式有著相似的結構。

再者，在一個不合理的帝皇專制的體制下，爲了要與那絕對的宰制性原理抗衡，朱子不可能冀望整個社會總體有一結構性的改變，因此只能更加强其意義的根源性動力來與此宰制性的原理抗衡。以超越的形式性原理爲根源的朱子哲學，便極易轉而爲深具咒術性格的形而上的根源性力量。換言之，帝皇專制的摧迫之下，爲了求得抗衡而可能加深其咒術性格。再者，在這種水漲船高的情況之下，帝皇專制者亦利用此咒術性格的實踐因果邏輯，而攫獲之以爲己用。如此一來，便形成了一愈形嚴重的絕對性宰制，絕對宰制性的順服倫理於焉徹底成立。

做了以上的冗長的分析之後，我們可以發現道德超越形式性原理與絕對宰制性原理的詭譎關聯，因而儒家原先所强調的「根源性的慎獨倫理」亦異變成「絕對宰制性的順服倫理」。當然要去解開這裡所說「根源性慎獨倫理與宰制性順服倫理的困結」絕非易事。具體而落實的說，這必須在整個中國從一傳統的社會過渡到一「市民的社會」(civil socity)才爲可能。[26]當然，除此之外，我們現在須就理論上去疏清，指出此中所隱含的困結。因爲，這是邁向一切實踐之所以可能的一個起點。

如上所說，我們當可清楚的發現根源性的慎獨倫理之所以由開放性走向封閉性，之所以

---

[26] 關於此，請參見前揭文。

由根源性走向宰制性，其問題的關鍵點都在於「生活世界」的失落，甚至造成一無世界論的傾向。這麼說來，我們便可以進一步的說：要去解開這個困結，最爲重要的並不是去與此絕對的宰制性的順服倫理抗爭，而是就目前的諸種可能去開啓一「生活世界」，使得道德倫理的實踐能在活生生的實存而有的彼此相互感通之下聯結成新的網絡。因爲若只是從事於對所謂的「絕對宰制性的順服倫理」進行抗爭，而不能正視到此中的困結所在，那將極可能落入與之同質的另一個對立面，隱含另一對立面的絕對性宰制。當然，我們更不可以爲了擺脫絕對宰制性的順服倫理，而誤以爲是由那根源性的慎獨倫理所造成的；甚至推想以爲只要鏟除了那根源性的慎獨倫理就可以瓦解那絕對宰制性的順服倫理。這都犯了範疇的誤置，而極可能因之造成了嚴重的負面後果，不可不慎。

六、結語：邁向生活世界的交談倫理

如前所論，我們之將「以理殺人」與「道德教化」擺在一起來討論，是想藉由戴東原對於朱子哲學的批評，來引發我們對於中國儒家傳統的道德教化提出一反省。既已清楚中國儒學傳統所强調的是「根源性的慎獨倫理」，而不是「宰制性的順服倫理」，原來朱子所强調的是「道德的超越形式性原理」，而不是「絕對的宰制性原理」。最後我們又指出此中又隱含著極爲奇詭的咒術型的思維傳統。這樣的咒術型的思維傳統與之結合而形成一「咒術型的實踐因果邏輯」，而如何邁向解咒乃是重要的課題。

顯然地，是由於帝皇專制的絕對宰制，使得人們無法以結構性的關聯，暢達其情的進到活生生實存而有的生活世界。久而久之，它使得人們習於向內取證，開拓其自家的生命境界，而怯於走向生活世界，關心整個歷史社會總體。當然，自家內證所開拓的生命境界仍爲生活世界的一種，但是由於未能如實的去面對具體而真實的、具有宰制性的世界，這便使得自己所處的生活世界是異化的生活世界，甚至是以無世界論的方式去開啓世界。一個缺乏現實感、具體感，而只是心靈的意境，在這種無世界論的生活世界中，其所開啓的道德倫理，儘管名之曰「根源性的慎獨倫理」，但卻可能轉而爲無可避免的「獨我論式的道德倫理」。這種獨我論式的倫理是以整個文化傳統爲其根源的，若不能如此，則極可能再轉而爲以咒術之絕對爲根源的。在帝皇專制的意識形態的控制之下，亦可能由無世界論的生活世界這樣的情形再轉而成爲獨我論者。一個獨我論者的根源性的慎獨倫理，極可能便以那宰制性的帝皇做爲其根源，而此時其所謂的「慎獨」便是「順服」。再者，我們發現到道德教化所强調的超越形式性原理與此有密切的關係，一樣是可以與無世界論的生活世界、與獨我論的獨我，以及那絕對宰制性原理俱起而相互依倚的。

當然，我們之這麼說，並不意味說儒家原來所强調的「根源性的慎獨倫理」不必要，不也意指諸如朱子所提出的「道德超越的形式性原理」就不必要；而是要强調此普遍的形式性原理並不是空洞之理，不是抽象之理，不是帝皇專制者所給出之理，而是人這樣的一個「活生生的實存而有」進到生活世界中，經由「即事言理」所得出的「形式性之理」。換言之，這樣的形式性之理與戴震所提的「古之言理也，就人之情欲求之，使之無疵之謂理」並不是相違背的，而是相容且相輔相成的。再者，儒家强調的「根源性的慎獨倫理」之爲根源是以「活生生的實存而有」進入到此生活世界之觸動爲其根源的，進而由此觸動而及於整個生活世界。所謂的「獨」更指的是獨立無匹、無我對待、無所分別，渾淪周浹的生活世界之整體。所謂的「慎」指的是對於此生活世界的關懷、用心及參與。這麼說來，根源性的慎獨倫理原亦著重人與整個生活世界的互動。不過，值得注意的是，原先的根源性的慎獨倫理是以中國傳統的「氣之感通」爲主要的實踐方式而展開的。這種氣之感通的方式有其優點，但也有其嚴重的限制；若要進入到所謂的「市民社會」之中，當轉而爲「言說的溝通」。換言之，原先的根源性的慎獨倫理須得再轉而爲「生活世界的交談倫理」。邁向生活世界的交談倫理是我們當前的道德教育實踐的重要里程碑。[27]

---

[27] 在本文中，作者並不擬從「道德」（Moralität）與「倫理」（Sittlichkeit）的區分中來展開論述，因爲若依黑格爾（G．W．F．Hegel）說「道德底概念是意志對其自己的內在關係」，而「倫理」是「成爲現存世界、且成爲自我意識本性的自由概念」。顯然地，在中文來說「道德」與「倫理」實不一定能清楚的與德文的這兩個詞相當，因此，筆者所展開的論述自與黑格爾之批評康德（I·Kant）不同。又哈柏馬斯（J·Harbermas）對於康德亦循黑格爾的方式繼續展開其批評，而强調一交談的倫理（Diskursethik）之重要，甚至批評康德陷入一「獨白的倫理」之中。他這樣的批評有些值得借鏡，但由於中西文化的發展有甚大的不同，因此，所謂的「獨白的倫理」與筆者前所謂的「根源性的慎獨倫理」，還有這裡所提哈柏馬斯的「交談的倫理」與筆者所說「生活世界的交談倫理」亦有差異。進一步的疏清，請俟來日。

第五章　章學誠「六經皆史」及其相關問題的哲學反省

提要

本文旨在經由一宏觀的視角，冀求對於「六經皆史也」一語相關的諸問題展開哲學的詮釋與分析。筆者擬由一般的學術史，上而至思想史，再調適而上遂於精神發展的辯證歷程而考察之。

筆者以爲章學誠「六經皆史也」一語與戴東原「經學即理學」一語雖形成一個對反，前者所代表的是浙東史學的傳統，而後者則代表浙西經學的傳統。在學問方法上，章實齋之主張「別識心裁」與「筆削抉擇」，此與戴東原之「訓詁明而後義理明」的思想適成一嚴重的對反。然而，實齋之欲瓦解經學的權威，此與戴東原之批判「以理殺人」，批判那專制性的超越形式性原理，有著若合符節的關係。

再者，筆者指出戴東原對「以理殺人」的批判，與對於訓詁名物度數的考索與講求，形成一種內在精神上的矛盾狀態。同樣的，章實齋雖然強調「六經皆史」，但我們卻發現他背後所考慮的卻是「官師合一」、「政教合一」，因而隱含著一種權威主義的窠臼，造成了一種「反歷史主義的歷史主義」的奇特情形。

最後，筆者指出戴東原與章實齋雖然彼此學各有所承，且相對反，但他們卻都有著矛盾的性格。這種矛盾的性格落在深層的思想史角度來看的話，我們可以說這正是整個清代專制的精神意識瓦解與重生的先兆，是生活世界重新發現的年代，也可以說是舊典範逐漸瓦解的年代，新典範孕育的年代。

一、問題之緣起

章學誠（字實齋，浙江會稽人）生當十八世紀（一七三八－一八〇一年），此爲清代考證學之全盛時期，其學頗不合於時流，久受冷落。然自晚清以來，研究其人其書，考證篇章，縷述大義者甚夥，然終不免片面誤解。尤其實齋所提「六經皆史也」一語，更是引起許多揣測、議論。理解角度各異，詮釋層面亦別，可謂五花八門，不一而足。但至目前爲止，大體在學界都會承認實齋「六經皆史也」的論點，就思想史的角度視之，此是針對當時的經學考證而發的挑戰。❶然而「六經皆史」這句話在章學誠的提法中，本不只是一句口號而已，關連著他所著書，此語實有極爲深切而又難以疏理的意義在焉，值得進一步釐清。

這問題的關鍵點顯然地已不在於實齋之學是否是反對當時的考證之學，而是實齋是如何的反對當時的考證之學。再者，更進一步，我們亦得去疏理乾嘉考證之學在整個思想史乃至精神史的脈絡當作何理解。因爲惟有我們對於此精神意識之發展的歷史有所恰當的定位，我們才能更清楚的掌握何以會有此「六經皆史也」的論點以反對彼「經學即理學」的主張。

或許我們可以這麼說，學術史的疏清足以使我們了解事實的實際狀況，但這樣的瞭解仍然只是現象的瞭解而已。思想史的釐清則有更進於此者，然而思想史之釐清亦有多層次的區

---

❶ 梁啓超於《中國近三百年學術史》中曾概歎「以清代惟一之史家章實齋，生乾嘉極盛時代，而其學竟不能爲斯學界衣被以別開生面，致有清一代史學僅以摭拾叢殘自足，誰之罪也！」（見氏著，頁二九八）胡適之更而解釋此「六經皆史也」乃是「一切著作都是史料」（見《章實齋年譜》嘉慶三年條），張其昀亦認爲章氏之史學重在史料典籍之搜羅。龔鵬程於所著〈文學的歷史學與歷史學的文學：文史通義〉一文中，甚至聲言「不以民國以來汗牛充棟之實齋研究爲然，沒有一篇論文筆者敢予苟同」。（見氏著《文化符號學》，頁二七八，學生書局印行，民國八十一年八月，台北）龔氏之說或不免偏隘，但其說若僅止對於那些從史料考據來論章實齋之學者而言，則雖不中亦不遠矣！但若關連於其他能從思想史之大關鍵而論者則有所不公矣！如錢穆之《中國近三百年學術史》即謂「實齋著《通義》實爲箴砭當時經學而發，此意則知者甚尠」（見氏著，頁三八〇），余英時於〈章學誠的「六經皆史」說與「朱陸異同論」〉一文中即謂「『六經皆史』可以看作是實齋對東原的『考證挑戰』」（見氏著《戴震與章學誠》一書，頁四五），彼等之說大體是可採信，而且已成爲一般思想史上的共識。

分；或就其思想觀念的演變而論之，此是就其現象之聯結而說，或就其心靈意識之遷移而論之，此是就其精神發展之脈絡而說。或有以前者爲思想史之目言之，或有以後者爲精神史之目言之。筆者以爲此思想史之兩面，相輔而相成，不可或缺也。此兩面，前者著重的是史學的工夫，以其學術史脈絡爲基礎，更而論略其變遷；而後者著重的是哲學的工夫，以其思想史之脈絡爲基礎，更而論略其內在的精神底蘊。

截至目前爲止，「六經皆史也」之說，以史學工夫而論述其學術脈絡者甚夥，然及於思想史層面者較少，再以此思想史脈絡做爲基礎，更而探其內在的精神義蘊者更少。❷筆者以爲學術史脈絡必以「微觀之徵實」爲上，其所重者在解釋（explanation），然思想史之理解則一方面立基於此徵實之基礎上，更而須以「宏觀的俯瞰」，掌握其大脈動，如此才有一恰當的詮釋（interpretation）。此兩者實有其相濟而相倚的關聯，蓋「無微觀的宏觀是空的，無宏觀的微觀則是盲的」。學者必以宏觀而見其大體，而以微觀而求其徵實。❸須知：有真切的宏觀，才可能有深刻的微觀；有真切的微觀，才可能有高明的宏觀，此兩者不可或缺

---

❷ 筆者以爲通論章氏之學而及於此「六經皆史也」之論，最有成績者仍以錢穆、余英時氏師徒兩人爲首；而龔鵬程於〈文學的歷史學與歷史的文學〉所論雖稍冗雜，但卻不失洞見；另外胡楚生於〈章實齋「六經皆史說」闡義〉則頗能抓住其與官師合一、治教合一的論點來論，咸爲難得之作也。然凡此種種，對於整個大的內在精神義蘊談及者皆甚少。

❸ 此「無微觀的宏觀是空的，無宏觀的微觀則是盲的」之方法論的口號可以說是受康德（I. Kant）所提的「没有感知的概念是空的，没有概念的感知是盲的」一語而來的啓發，其詳請參見林安梧〈存有、思考與方法〉一文，一九九二年三月廿四日講於淡江大學中文研究所，請參見《鵝湖月刊》，第十九卷第一期，一九九三年七月，台北。

也。筆者斯篇之論，或可謂其稍近於宏觀焉！此乃立基於前人所作的諸多成績上而有以啓迪吾思，並求其能對此「六經皆史也」做出一恰當的詮釋。筆者將關聯著這些年來自己所思索的問題，從對於清代思想史的詮釋的釐清過程中，進而取得一恰當的理解入路，並因之而對比於陽明所提「五經亦史」之說，以釐清實齋所言「六經皆史」究何所指，並闡聯其所主張之官師治教合流，而點示出實齋之史學，有一「反歷史主義的歷史主義」這樣的弔詭性格，並說此弔詭性格之於文化發展其底層的精神意識究何意義焉！

二、環繞「六經皆史」之思想史背景的理解與詮釋

大體說來，我們可以做這樣的概括：整個明代心學的發展可以陽明做一個中心點展開，陽明徹底的揚棄了朱子之以「超越的形式性原理」爲優先性的理學主張，而完成了「道德主體的能動性」爲優先的心學系統；這樣的心學系統更往前發展，由陽明「道德主體能動性」的強調到劉蕺山「純粹的善之意向性」的強調，再一轉而開啓了黃梨洲及王船山所強調的「人性的歷史性」。❹筆者這個內在的理路的提法雖與錢賓四先生、余英時先生對於清代思想史的解釋有所異同，但無可懷疑的是受到錢、余二先生的提法啓發而來。

❹ 關於此，請參看林安梧《王船山人性史哲學之研究》一書，第二章「人性史哲學之建立」，頁二五－四三，東大圖書公司，一九八七年九月，台北。

再者，我更而以爲清初爲官方所倡導的朱子學乃是一種儒學發展的大扭曲，而陸王學之受到排斥與壓迫則是儒學發展的大頓挫。顯然地，這是清廷爲了加强官方意識型態而特意造成的。就此來說，在思想史的觀點看來，清初朱子學的發展，與其說是連續，毋寧說是斷裂，就此而言，筆者則稍異於余先生之言，而較得於錢先生之論。❺筆者以爲由清初李光地式的御用朱子學，一方面使得清朝完成其强力的政治社會總體的控制，而另方面則使得原先明末所開展的諸多思想根芽受到全面的扼制。❻在這種情況下，政治社會總體似乎是在進步，但那高壓的意識型態的控制卻逼使中國文化傳統內在的其他動源迸裂而出，然此動源之迸裂而出則不若往時之以春生之氣而出之，轉爲另一種暴烈式的肅殺之氣而出之。蓋壓抑既深、扭曲無復，此亦殺之氣也，以其殺也，故所感者殺。這樣的殺氣可以說只是做爲其對立

---

❺ 余英時先生在所著〈清代思想史的一個新解釋〉一文與錢賓四先生在《中國近三百年學術史》中所做的詮釋方式便有很大的不同。余先生曰：『我們決不能籠統地說清代經學考證單純地起於對宋明理學的反動，以前有人持這樣的看法，是因爲他們一方面沒有辨別出清初考證學者的思想動機，一方面又沒有察覺出十六世紀以後儒學從「尊德性」階段轉入「道問學」階段的新動向。』（見余英時《歷史與思想》，頁一四八，聯經出版事業公司，民國六十五年出版，台北）而錢先生曰：「明人之學猶足繼宋而起，滿清最狡險，入室操戈，深知中華學術深淺而自以利害之擇，從我者尊，逆我者賤，治學者皆不敢以天下治亂爲心，而相率逃於故紙叢碎中，其爲人高下深淺不一，而皆足以壞學術毀風俗而賊人才。……而說者謂滿族入關，卒爲我所同化，政權雖移，中華之文運依然，誠淺之乎其爲論也」（見錢賓四著《中國近三百年學術史》自序，頁三，民國五十七年四月，臺四版，台北）由是可見余先生著重的是內在的連續性，而錢先生則重在從斷裂性來理解。

❻ 關於此，請參看黃進興〈清初政權意識形態之探討：政治化的道統觀〉一文，《中央研究院歷史語言研究所集刊》，第五十八本，第一分，一九八七年，台北。又見孫明章〈清初朱子學及其歷史的反思〉，收入鄒永賢主編《朱子學研究》，廈門大學出版社，一九八九年五月，福建，廈門。

面的另一個端點而已。朱子學因而成爲「以理殺人」的工具，毋怪戴東原之不能信可此超越的形式性原理之無所篡竊。戴東原發現原先大家所强調的「道德的超越形式性原理」竟然異變成一「絕對的專制性原理」，因此他從血氣心知「自然人性論」的立場，大加撻伐。❼然而東原並未瓦解此絕對的專制性原理，他反而在此絕對的專制性原理的綰束之下，使得原先强調那超越形式性原理的道德人性論與其所高倡血氣心知的自然人性論形成同一個對立面的兩端，相互依倚而存在。

戴東原血氣心知式的自然人性論頗異於清代朱子學的傳統，但就學術史的發展與理解來說，戴東原之學與其他朱子學學者則在同一個大脈絡中。筆者這裡之所以特別强調其爲同一個對立面的兩端乃因爲他們彼此雖然相互對反，但卻幾乎都同意顧亭林所提出的「經學即理

---

❼ 關於此，請參見林安梧〈「以理殺人」與「道德教化」——環繞戴東原對於朱子哲學的批評而展開對於道德教育的一些理解與檢討〉，「道德教育國際研討會」會議論文，花蓮師範學院，一九九二年五月七－九日，台灣花蓮，文刊於《鵝湖學誌》，第十期，一九九三年六月。又戴東原說「尊者以理責卑，長者以理責幼，貴者以理責賤，雖失謂之順；卑者賤者以理爭之，雖得謂之逆，於是下之人不能以天下之同情天下之所同欲，達之於上。上以理責其下，而在下之罪人不勝指數，人死於法，猶有憐之者，死於理，其誰憐之？嗚呼！雜乎老釋之言以爲言，其禍甚於申韓如是也。」（以上所引見戴東原《孟子字義疏證》，卷上，頁五五，河洛圖書出版社印行，台北，民國六十四年，台景印初版）。

學」這樣的口號，❽他們基本上都同意「訓詁明而後義理明」這樣的主張。❾其實，若空泛而大略的說「訓詁明而後義理明」亦無可厚非，但問題是這樣的口號，它已不只是一方法論層次的呼籲，它已泛存有論化了，它被極端化爲只要訓詁明了，義理就明了。或者我們可以這麼說，訓詁的要求原是對於心性之學方法上的空疏而引起的反省，但卻慢慢由於方法上的反省，更而及於整個存有論態度上的轉變。

原本顧亭林這句「經學即理學」只是要矯正理學空疏之病而已，他强調的是經學與理學的不二，這說的是道德修養要走向社會實踐，並不是說只要名物制度聲韻掌故通達了，你就瞭解所謂的學問之爲何物。「經學」一方面指的是六藝經傳，而另方面則指的是經世致用，它原先强調的是經由六藝經傳的學習而邁向整個歷史社會總體與生活世界的實踐。但沒想到後來這句話竟有所異化滑轉，它由經世致用轉而爲六藝經傳的考據；一落爲考據便以爲名物

❽ 顧炎武說：「理學之名，自宋人始有之，古之所謂理學者經學也」（《文集》卷三，〈與施愚山書〉）又說：「讀九經自考文始，考文自知音始，以至於諸子百家之書，亦莫不然」（《文集》卷四，〈答李子德書〉）亭林之如此强調原是實學的要求，也因此而著《音學五書》及《日知錄》二書，此非徒爲名物度數，雕蟲篆刻而已；但後來由於清廷對思想的禁制情形，而使得實學轉成考據故紙堆。此是由經世致用之「實」，轉爲名物度數之「實」。前者是實踐之實，而後者則成了文獻之實，此苟非外力入侵則不足以致此。

❾ 戴東原在〈題惠定宇先生授經圖〉一文中說「故訓明則古經明，古經明則賢人聖人之理義明，而我心之所同然者，乃因之而明，賢人聖人之理義非他，存乎典章制度者是也」，又錢大昕謂「有文字而後有詁訓，有詁訓而後有義理，訓詁者，義理之所出，非別有義理出乎訓詁之外者也」（見氏著《經籍纂詁·序》），錢賓四先生譏其「所涉甚廣，而識力不高，……輕爲隨逐，雖得一時風尚之朋，亦受後世門户之誚焉！然觀竹汀所言，固可證一時學人意氣議論之所同湊在是矣！」（見氏前揭書，頁三三二）。

度數、音韻掌故便是所謂的真理。這分明是以文獻之理爲經傳之理，以文獻之理爲經世致用之理，這已然喪失了經學傳統原先所强調的經世致用的精神。

由「經學即理學」再下滑而爲「訓詁明而後義理明」，這意味著道德實踐主體的萎縮、生活世界的失落，這與整個清代的專制政權高壓統治是若合符節的。此時的生活世界變成一枯槁無潤的灰白世界，乾坤既毀，天地成了一片蠻荒，真所謂「天地閉，賢人隱」。若吾人進一步探索何以會有此下滑，此除了說滿清的高壓統治，大興文字獄，使得知識分子噤若寒蟬以外，最重要的則是顧亭林在提出「經學即理學」的口號時，在路向上已隱含了一種曲折的可能。或者我們該說這樣的曲折可能，並不是顧亭林一人所造成的，而是整個時代的風氣歸趨。不過，顧亭林是一個重要的徵符，值得注意。

顧氏看出了當時的歷史社會總體是「北方之人，飽食終日，無所用心；南方之人，群居終日，言不及義，好行小慧」，而他所提出的藥方則是「目擊世趨，方知治亂之關，必在人心風俗，而所以轉移人心，整頓風俗，則教化紀綱，爲不可缺矣！」，又說「所謂聖人之道者如之何？曰博學於文，曰行己有恥」[10]。就這樣的藥方看來，似乎亦無大病，但我們卻要說亭林並未真切的去瞭解病痛的根源，他只看到了歷史社會總體病痛的現象之爲如何，但他並沒能真切的去瞭解此病痛之爲病痛的結構性因素，而一切歸之於意義的層面，而最後則歸

[10] 以上所引見《亭林先生文集》卷四，〈與人書十五〉、〈與人書九〉，錢先生於此論之甚詳，請參見氏著前揭書，頁一二六、一二七。

本於心性之源，甚至歸本於狂禪所造成的虛浮不實，由此虛浮不實，再下滑爲如此。值得注意的是，由於生活世界的萎縮，心性的頽靡，因而顧氏所論原先是「行己有恥」與「博學於文」兩者並行，最後反因之而往下滑轉。此時，便再也無法由人的心性之源重建起，而只是訴諸於「博學於文」。如此一來，一切太著重於古經典文字論述所經營而成的意義系統，而忽略了人實存的主體。這麼一來，亭林固然免除了尚玄虛、說心性之病，而强調尚實際、重徵實，甚而强調考文、知音的重要性，如此便將實踐的動力建立在外在的文獻考據之上，終而造成了「訓詁明而後義理明」的偏狹主張。

其實，從宏觀的角度看來，明代中葉陽明學的興起，特別强調「道德主體的能動性」，或者說强調一「道德實踐的根源性動力」，而揚棄重「道德的超越形式性原理」這樣的朱子學，這意味著一個嶄新的歷程之開啓。這是相應於當時的手工業進一步的發展，而商業資本已漸有累積，社會階層逐漸流動，因而人之爲人的主體性已漸從原先所强調的整體性的、人格性的主體性轉而爲强調個體性的、個人的主體性。陽明的後學，尤其左派王學更是代表著這樣的心聲。只可惜的是明皇朝的專制黑暗，使得這樣的根芽未能恰當而如實的長出，反而掉落到「虛玄而蕩、情識而肆」的地步。[11]當時强調務實的儒者則將此責任歸之於狂禪，而完全忽略了對於整個歷史社會總體的理解、批判與重建，只是一味的要回到朱子學的傳統。

---

[11] 關於此，請參見林安梧〈實踐的異化及其復歸之可能〉有關「宋明新儒家實踐之異化的哲學解析」一節，收入林著《台灣、中國——邁向世界史》一書，第二章，頁五七－六三，唐山出版社印行，一九九二年八月，台北。

滿清王朝便在這種氣氛下，將計就計，因而使得朱子學成爲高壓統治的護符。朱子學原先所强調的「道問學」亦因之由「格物窮理」、「涵養主敬」並求走向社會實踐，而異變成在故紙堆中尋生計，求安身立命，這根本是一大扭曲，實不宜言其爲道問學之連續也。⑫即使要言其爲連續，實亦扭曲之連續，而非順理成章之連續也。

總的來說，我們大概可以看出從宋明理學以來到清代哲學的發展，若以精神史的脈絡視之，此是由陽明學之揚棄朱子學所重視之「道德的超越形式性」，轉而强調「道德主體的能動性」；順此脈絡發展而爲劉蕺山所强調的「道德的純粹意向性」，更而爲黃梨洲與王船山所注重的「人性的歷史性下的道德學」。大體來說，陽明所注重的「道德主體」並非用來置立客觀對象的主體，而是用來力行實踐，而與存在事物渾成一個整體的主體，這是主客交融、渾而爲一這樣的主體。此主體與道體、物體感通爲一。陽明說「目無體，以萬物之色爲體；耳無體，以萬物之聲爲體；鼻無體，以萬物之臭爲體；口無體，以萬物之味爲體；心無體，以萬物之感應是非爲體。」所指即爲此。⑬顯然地，由於陽明之走向整個生活世界，而不封鎖在自我之主體中，這使隱涵著「意向性」的哲學義涵。這樣的意向性哲學義涵，再經

---

⑫ 關於朱子學之爲「道問學」及其所重視之「涵養主敬」與「格物窮理」，請參看林安梧〈知識與道德之辯證性結構——對朱子學的一些探討〉，載於《思與言》，二二卷四期，一九八四年一一月，收入林著《現代儒學論衡》，第八章，頁一四五－一六七，業强出版社印行，民國七十六年五月，台北。

⑬ 見葉紹鈞點註、王陽明著《傳習錄》卷下，頁二三五、二三六，商務印書館印行，民國五十六年四月，台一版，台北。

由劉蕺山的提煉，終而開啓「道德的純粹意向性」之哲學。劉蕺山道德的純粹之意向性的哲學，一方面是「歸顯於密」，走向形而上的奧體，而另方面則走向整個生活世界。⑭黃梨洲所謂「盈天地間，止有氣質之性，更無義理之性」⑮、「盈天地皆心也」⑯，船山之强調「無其器則無其道」⑰、「命日降、性日生日成」⑱的論點，這顯然地都强調具體存在的發展歷程，這已然從「道德純粹的意向性」走向了「存在的歷史性」。筆者以爲這裡隱涵著中國啓蒙的曙光。惜乎！滿清入關，政治上採取高壓宰制，連帶著在學術思想上亦嚴重的控制，大力打壓陽明學而高揚朱子學，此曙光因之亦隱晦而不彰。⑲

清廷的高壓、懷柔，朱子學的提倡，康、雍、乾的勵精圖治，天下安定，甚而有人以爲此是堯舜復生的盛世。在復古樸學聲中，經由許多御用或者半御用乃至一些不明就理的讀書人的理解與詮釋，使得官師合流，政統、道統又黏合爲一，滿清皇帝成了堯舜聖君。如此一

---

⑭ 關於劉蕺山哲學所作這樣的論點，請參見林安梧〈論劉蕺山哲學中「善之意向性」——以〈答董標心意十問〉爲核心的疏解與展開〉，國立編譯館館刊，第十九卷第一期，頁一〇七－一一六，民國七十九年六月，台北。

⑮ 見《黃梨洲文集》〈先師蕺山先生文集序〉，轉引自錢先生前揭書，頁二四。

⑯ 見《明儒學案》，第一冊，〈黃梨洲先生原序〉，頁九，華世出版社印行，一九八七年二月，台一版，台北。又關於黃宗羲之學，請參見劉述先《黃宗羲的心學定位》，允晨出版社印行，一九八六年，台北。

⑰ 見王船山《周易外傳》卷五，載於《船山易學》卷下，頁九六三，廣文書局印行，民國六十年五月，台北。

⑱ 見王船山《尚書引義》卷三，〈太甲二〉，頁五五，河洛圖書出版社印行，民國六十四年五月，台北。又關於此論點請參見林安梧《王船山人性史哲學之研究》第三章〈人性史哲學的人性概念〉，頁四五－七〇，東大圖書公司，一九九一年二月再版，台北。

⑲ 關於此，請參見林安梧〈近現代哲學之思想義涵及其啓蒙曙光〉，第四節「啓蒙曙光之隱晦及起再起」，載於《中國哲學家與哲學專題》第十二章，頁二八四－二九〇，國立空中大學印行，民國七十八年九月，台北。

來，「帝皇專制的形式性原則」便與朱子所强調的「道德的超越形式性原則」成爲一體之兩面，朱子學之爲「以理殺人」之學實肇因於此。戴東原的呼聲，就深層來說，可以視爲對於整個時代剴切的批評，但可惜的是他並未見到這「以理殺人」的原兇，只是歸之於超越而抽象的「理」而已。相對反於此，他亦因之而有自然人性論的提倡，他在這樣的自然人性的理解下，而有著主智主義的氣氛，這顯然的是想再一步的開啓儒教的生活世界。[20]可惜的是，他的主智主義是勾連著經典文獻的詮釋，以訓詁音韻、名物度數而開啓的，因而其實踐力是有限的；就整個思想史的脈絡看來，他一方面爲訓詁音韻、名物度數的考索所限，另方面則又强調血氣心知，隱含著衝決網羅的力量，這顯然有所矛盾。這樣的矛盾現象正顯示當時爲一典範轉移的年代，因其本身之爲矛盾乃是同一對立面的兩端，於此對立面的兩端而思有以開啓也。換言之，戴東原之不同於一般之考據學者僅限於名物度數者在此。

章學誠在〈書朱陸篇後〉中說：「戴君所學，深通訓詁，究於名物制度，而得其所以然，將以明道也。時人方貴博雅考訂，見其訓詁名物，有合時好，以謂戴之絕詣在此，及戴著〈論性〉〈原善〉諸篇，於天人理氣，實有發前人所未發者，時人則謂空說義理，可以無

---

[20] 關於戴東原之主智主義，余英時先生論之甚詳，請參見氏著〈儒家智識主義的興起——從清初到戴東原〉，收入氏著《戴震與章學誠——清代中期學術思想史研究》一書，頁一五－三〇，華世出版社印行，民國六十六年，台一版，台北。

作，是固不知戴學者矣！」[21]此誠的論也。錢賓四先生贊之曰：「是深知東原之為轎中人而非轎夫者，當時亦惟實齋。」[22]如此說來，我們實不宜直將戴東原之學祇視為乾嘉考據一脈而已。因為我們可以說戴東原之重視名物度數與考證，為的是重新恢復一活生生的生活世界，而自然人性論的主張之所以充滿了主智主義的氣息亦在於此，只不過戴東原忽略了人性的歷史性，也忽略了經典詮釋所必然涉及的歷史性問題。相對來說，與其同時代的章學誠則特別注意及人性的歷史性以及經典詮釋所涉及的歷史性問題。章學誠「六經皆史」的提出，在思想史的大脈絡看來與戴東原哲學是相應而起的，只不過戴氏著重的是「自然人性論」，而章學誠則特重「人性的歷史性」罷了。戴氏晚年雖極反程朱，但其學卻承襲於程朱，我們可以說自然人性論的提出對於官方朱子學起了一個瓦解的作用，但總的來說，其精神脈絡是程朱的，這是由朱子學一再的發展所形成另一個對立面，而瓦解其自己，並求以開啓新局也。

就學術史的脈絡來說，章學誠不同於戴氏上溯於浙西學術，而上溯於浙東學術；不上溯於亭林，而上溯於梨洲；不上溯於程朱，而上溯於陸王。實齋說：

---

[21] 見楊家駱主編「中國學術類編」，章學誠《文史通義》，頁五七，鼎文書局印行，民國六十六年三月增訂一版，台北。

[22] 見錢賓四先生，前揭書，頁三三四。

「浙東之學，……至陽明王子揭孟子之良知，復與朱子牴牾；蕺山劉氏本良知而發明愼獨，與朱子不合，亦不相詆也。梨洲黃氏出蕺山劉氏之門，而開萬氏弟兄經史之學，以至全氏祖望輩尚存其意，宗陸而不悖於朱者也。……世推顧亭林爲開國儒宗，然自是浙西之學；不知同時有黃梨洲氏出於浙東，雖與顧氏並峙，而上宗王劉，下開二萬，較之顧氏，源遠而流長矣！顧氏宗朱而黃氏宗陸，蓋非講學專家各持門戶之見者，故互相推服而不相非詆。學者不可無宗主，而必不可有門戶，故浙東浙西道並行而不悖也。浙東貴專家，浙西尚博雅，各因其習而習也。」㉓

「天人性命不可以空言講也，故司馬遷本董氏天人性命之說而爲經世之書。儒者欲尊德性，而空言義理以爲功，此宋學之所以見譏於大雅也。……三代學術，知有史而不知有經，切人事也；後人貴經術，以其即三代之史耳；近儒談經，似於人事之外別有所謂義理矣。浙東之學，言性命者必深究於史，此其所以卓也。」（同上註）

實齋這裡分明指出了「浙東」與「浙西」之學的異同。浙東是宗陸派，而浙西則是宗朱派。浙東是經由象山、陽明而蕺山、梨洲，由是而下到萬氏兄弟，乃至祖望。這個系絡極爲分明，他是與朱學大異其趣的，而實齋這裡之所以指出其「不相詆」或者「不悖於朱」，這都是因爲當時朱學的風氣太盛，衆人所畏，不敢不畏，因而儱侗其詞，好說其並行而不悖，

㉓ 此請參見章學誠前揭書，〈浙東學術〉，頁五一－五三。

最後則可以指出浙東所貴者專家，而浙西所尚者博雅，這是各因其習而成者。既講各因其習而成，這已分明說出他們有清楚的界限。浙東之學的特色是由於講天人性命之學而開啓的，而其可貴則在「必深究於史」，這一方面是尊德性，而另方面則又是切人事。當然，實齋此處所論可謂是一學術史變遷之縷述，而及於此學術史變遷之縷述，吾人實可以因之而論其思想史的意義。大體我們可以這麼說，明末義理頗有紛爭，爲求解決，最後決之文義，遂啓考據之風。明末清初諸儒，爲晚明玄虛之風思有以批判而救濟之，因而極重實學，而此實學其初重在經世致用，遂啓經世之學，最後亦歸本於經書之考據。但從思想史的脈絡看來，此自有兩派，其一重在文獻的探索，此服古通經之謂也，其一則重在心性的講求，此通經致用之謂也。就以上線索觀之，則亦可以說其前者是朱學一路，此道問學者也；後者是王學一路，此尊德性者也。[24]當然，值得注意的是此時的「道問學」與「尊德性」二語，是做爲一種標的來使用的，彼與原來的意義已有不同，此不可不察也。

做了這樣的疏理之後，我們當可做一更概括，而又更深入的總結，這即便是筆者前面所提出的，思想史的理解當可進一步入於其精神底蘊，知其意識發展之辯證歷程，如斯始可謂得其神髓矣！總的來說，我們可以說陽明學之不同於朱子學乃在於彼著重「道德的主體能動性」，此不同於朱子學之重在「道德的超越形式性原理」。明初之學爲朱子學，而陽明學之

---

[24] 余英時於此最有心得，請參見氏著〈清代思想史的一個新解釋〉（一九七五），收入氏著《歷史與思想》，頁一二一－一五六，聯經出版社印行，民國六十五年九月，台北。

興起可以視爲由此「道德的超越形式性原理」之講求下貫而爲「道德的主體能動性原理」。「道德的超越形式性原理」是「統制原理」，而「道德的主體能動性原理」則是「動力原理」。前者著重在其規範，而後者則重在開啓實踐，由此實踐而開啓生活世界，並奠基於此生活世界也。若是而論之，則可見陽明之所謂的「主體」並非與「客體」相對待而成之主體，而是與客體關聯爲一個整體這樣的主體。客體固非與主體隔離開來之客體，而主體亦非夐然獨立之主體，而是主客交融而成爲一個整體，在這意義下的主體與客體。如此說來，我們說其主體是要求經由實踐的歷程而開啓一個生活世界，而不是封鎖在其自身之中。這也就是說主體必然的由其自身而開啓，而邁向生活世界，陽明「一體之仁」之言，蓋如是之謂也。做了這樣的詮釋之後，我們可以更進一步的說，由陽明之强調道德的主體能動性，再而有劉蕺山所强調的「道德的純粹意向性」，此有其內在發展的必然邏輯關聯。至若黃梨洲與王船山其所强調者率可以「存在的歷史性」或者「人性的歷史性」一語概括之，而此則是由「道德的純粹意向性」必然的發展落實而成者。

再者，值得注意的是，若以此精神意識之內在辯證發展而觀，則船山之學更可以視爲此辯證發展之綜結，以其能由人性之貞定而開啓歷史學之理論，而且亦可以因之而成就歷史的人性學理論。但總的看來，梨洲與船山之學並不能得其善遂，此蓋爲滿清之帝皇專制所限也。清初之重新强調朱子學，此時原先之「道德的超越形式性原理」並不能再有所落實，反而再與清廷之「絶對的專制性原理」相渾爲一個整體，產生一種「誤置作用」。原來道德的超越形式性原理與此絶對的專制性原理所形成的對立統一體，其張力亦因之而不存，於是原先的超越形式性逐漸下滑，轉而爲僵化的規範性，再下轉而爲具有暴虐性的刑名，以理殺人於焉構成。弔詭而有趣的是，原來朱學所强調的「涵養主敬，格物致知」所要做的是上遂於那「道德的超越形式性原理」，而此時則轉成文獻的蒐討，聲韻的講求，並以此而上遂於絕對的文獻權威。「絕對的文獻權威」與「絕對的專制性原理」形成同一體，而當其向下滑轉爲僵化的規範性，及暴虐性時，此文獻的講求亦同時帶有如此的氣氛，與之呼應，兩不相歇。

經由這樣的疏通之後，我們可以清楚的論定如戴東原之强調訓詁考據，此是對於朱子學的紹續，此是就其學術史發展的一個重要面向而言；然則另外他對於「以理殺人」的批評，則分明是對於理的絕對專制性、暴虐性深致不滿，而意圖有以瓦解而重建也。他之强調血氣心知這樣的「自然人性論」亦因之而成。再者，章實齋之提出「六經皆史也」的主張，這根本上是爲了反當時整個訓詁考據的氣氛，這是針對「訓詁明而後義理明」這樣的風習而生的。他所針對的是那僵化而絕對的文獻專制權威，以及由之而相關聯成一個整體的學問方法論，思有以開啓一新的學問方法，並且具有一新的學問態度，並以如此而有一新的實踐指向。他所提出的「六經皆史也」的主張，隱含著一套歷史人性學以及人性的歷史學的因子，而這是紹繼於梨洲與船山的。

三、「六經皆史」——王陽明與章學誠的對比理解與詮釋

如上所論，顯然地，筆者是將「六經皆史也」一語的考察放在一極爲寬廣的脈絡來理解的。其實，像「六經皆史也」這樣的口號或者說法，並非首出於章學誠，但彼此所提出的思想史脈絡並不相同，因而其所涵的哲學義蘊亦有所不同。換言之，我們並不能孤離開來說某一個人或者某一個論點的哲學義涵，因爲意義之爲意義並不是文字本身就有一個固定的圖像以爲意義的根本，意義是在整個生活世界的脈絡中而開啓的，意義是在整個思想史的脈絡中而開啓的。也因此，筆者才在上面做了整個思想史背景概略的理解，這樣的理解爲的是能恰當的對於「六經皆史也」做出詮釋與分析。爲了更確當的掌握這句話的用意，筆者擬再以對比的方式，舉出與其相關或者相近的論點，而略論其異同，以更逼近一步其分析的焦距。

「六經皆史」之說言之甚夥，若不問其脈絡而只以此語分析之，則此語所指爲何，頗難有確義。㉕若尋其脈絡，則吾人可以陽明之說作爲一對比。在《傳習錄》卷上曾記載陽明與其弟子徐愛的對答，討論文中子與韓退之何者爲勝，並因而討論到經、史的論題，陽明指出：

「孔子刪述六經，以明道也……，使道明於天下，則六經不必刪；刪述六經，孔子不得

㉕ 如錢鍾書所言「六經皆史之說，劉道原〈通鑑外紀序〉，實未了了。王伯厚《困學紀聞》卷八始引《文中子·王道篇》，陸符望〈復有生論文書〉，誌其說未下斷語，卷十二，亦引劉道原此數語，王陽明《傳習錄》卷一，王元美《藝苑卮言》卷一，胡元瑞《少室山房筆叢》卷二，顧亭林《日知錄》卷三皆先言之」，而錢氏獨重陽明之說，並以其爲紹繼文中子而開啓者。見氏著《談藝錄》，頁三一六，台灣影印版。

已也。」

「孔子述六經，懼繁文之亂天下，惟簡之而不得，使天下務去其文以求其實，非以文教之也。」

「聖人述六經，只是要正人心，只是要存天理，去人欲，於存天理，去人欲之事則嘗言之，或因人請問各隨分量而說，亦不肯多道，恐人專求之言語，故曰『予欲無言』，若是一切縱人欲，滅天理的事，又安肯詳以示人，是長亂導奸也。」㉖

如上所言，陽明以爲孔子刪述六經是一種語言的治療活動，陽明他所擔心的是繁文以亂天下，所以要去其文以求其實，而不是以文教之。陽明以爲「述六經」只是要正人心，只是要存天理，去人欲。換言之，一切語言文字的表達活動只是用來使得道之所彰顯者能因之傳達而已，並無其獨立的地位。在這裡，我們可以發現到陽明並未能真正注意到由於語言文字所表達而成的脈絡所構成的一個活生生的生活世界，在他看來語言文字一直只是糟粕，道才是真實的。彼實未諦知語言文字所彰著而成的表達系統所可能導生的辯證互動，他一直以爲惟有歸返於道體自身，才得以使道自明也，才可以使道自己彰顯其自己。也因此，他才會有這樣的論斷，所謂：

㉖ 以上所引見葉鈞點註，前揭書，頁一九－二三。

「羲黃之世，其事闊疏，傳之者鮮矣。此亦可以想見其時全是淳龐樸素，略無文采的氣象，此便是太古之治，非後世可及！」㉗

「唐虞以上之治，後世不可復也，略之可也。三代以下之治，後世不可法也，削之可也。惟三代之治可行，然而世之論三代者，不明其本而徒事其末，則亦不可復矣！」㉘

顯然地，陽明不同於一味的歷史復古論者，儘管他說「太古之治，非後世可及」，但他亦深知「唐虞以上之治，後世不可復也」，可行的只有三代之治，但重要的是要明其本，不能只事其末，否則也不可復。值得注意的是這裡所謂的「本」，並不是歷史文獻之本，而是深植於人心深處的道體之本，這樣的「本」當然與其整套「心即理」的學說有密切的關係。陽明的「心即理」强調的是「人與宇宙有其內在的同一性」，强調的是那道德主體的能動性與整個宇宙存在的動源通極為一。這樣的一套哲學原先强調的是由那根源性的動力開顯於整個生活世界中，它並不以六經文獻作為吾人實踐的最後依據，而是以道德本心作為歸依。正因如此，陽明學比較起來是不泥於古的；但我們卻也發現他亦不甚具有歷史性。他並不是真能通古今之變，他注意到的並不是「歷史之變」的因素，而是「人性之常」的定準。對於三代之治的嚮往，對於三代以下之治的唾棄，在在可以彰顯出這樣的心態。儘管陽明學强調實

㉗ 同上註，頁二一三。
㉘ 同上註，頁二一四。

踐的優先性，而且本身也充滿著實踐的動力，然而一旦其通往外的力量若有所限的話，極可能轉成一境界形態的心性修養。不論是道體被主體所銷融，或者主體爲道體所吞没，他們都可能造成一種後返的心態。對於主體而言，極强調回到一絜靜空廓、純樸渾然的境地；對於道體而言，則以爲遠古之世便是此道體開顯之源，此即是理想世界，而以後則世益近而道益衰。歷史復古之論，於焉造成。

再者，我們可以發現陽明學所强調的是道德主體之直接契接於形而上的道體，而不是經由豐富的言説論述結構以展現之及復歸之。這也就是説，之於陽明而言，經書並不是絕對必要的，他只是道之所彰顯之物而已，並不即是道。換言之，經書並不能取得永恒性的地位，而只能是時空中的產物罷了。就此時空中的產物，經書當然是在歷程與結構中而開啓的。陽明即於此而論經典與歷史的關聯。陽明與徐愛的對談是這樣的：

> 愛曰：「先儒論六經，以春秋爲史，史專記事，恐與五經事體終或稍異？」
>
> 先生曰：「以事言謂之史，以道言謂之經，事即道，道即事，春秋亦經，五經亦史。易是包犧氏之史，書是堯舜以下史，禮樂是三代史，其事同，其道同，安有所謂異？」
>
> 又曰：「五經只是史，史以明善惡，示訓戒，善可爲訓者，特存其跡以示法；惡可爲戒者，存其戒而削其事以杜奸。」
>
> 愛曰：「存其跡以示法，亦是存天理之本然；削其事以杜奸，亦是遏人欲於將萌否？」

先生曰：「聖人作經，固無非是此意；然又不必泥著文句。」㉙

如上所言，依陽明而言，春秋固史，「五經亦史」，是故「六經皆史」，這是在「事即道」、「道即事」這種道事合一論的格局下來思考的。換言之，陽明意義下的「六經皆史」是說明我們是經由經史來理解道、彰顯道的，並不是就將六經銷歸於史，也不是說去發現了經籍的歷史性。換言之，只是陽明這裡所說「五經只是史，史以明善惡，示訓戒」而已。歷史之爲歷史，依陽明看來，只是做爲道德實踐的教言而已，他並未取得其獨立的地位。

相對來說，我們可以發現程朱理學對於經學的態度與陸王心學對於經學的態度迥異，朱學學者大體强調以六經作爲道的根本，而陸王學者則多主張道是根源於人的道德本心的，六經只是做爲道開顯的一部分而已，或者說是做爲道德的訓誡而已。但總的來說，不管是朱學，還是王學都不能真切正視歷史。筆者以爲果真能正視歷史者，最當屬之船山，其次則是梨洲。可惜的是，滿清之重新强調朱子學，將絶對的專制性原理與道德的超越形式性原理黏合爲一，使得原先的王學種子受到抑扼，無得生長。直到清代中葉，由於人口數的急速成長，手工業亦比以前發達，社會階層的流動加速，滿清加强其高壓專制，但顯然已擋不住那埋藏於深處的個體性自由的要求。戴東原的自然人性論與章學誠的歷史人性論可以說都帶有這樣的因子。

㉙ 同上註，頁二五。

筆者以爲從章學誠「即器以言道」、「道不離器」的主張，以及在史學上特別强調「別識心裁」與「筆削抉擇」，可以說他是「歷史主義」的先趨，甚至說他就是歷史主義者。關於此，余英時先生在所著〈章實齋與柯靈烏的歷史思想——中西歷史哲學的一點比較〉一文中，論之甚詳。[30]就章實齋之爲歷史主義者的論點，筆者大體同意余先生之說，故於此不再贅言。問題是，筆者在閱讀章實齋的《文史通義》時，總有一奇特而未能恰愜的感覺。

當然，「歷史主義」一詞其義本極爲分歧，但吾人且先做這樣的定義——「歷史主義可以說是一種信念，它强調對於任何現象的性質採取妥貼而適切的理解以及對其價值有一恰當的評價，而這樣的信仰是經由對於發展的歷程中其所扮演之角色及其所處地位加以考慮而來。」[31]就此來說，我們將可以說章實齋的歷史主義是不徹底的，甚至有時是有悖於歷史主義的，是反歷史主義的。[32]如果我們集中在章學誠所論「六經皆史也」一詞爲說的話，我們勢可更清楚的發現這種情形。筆者以爲我們甚至可以用「反歷史主義的歷史主義」這樣的詞去說它。章實齋是個歷史主義者本無可疑，而筆者竟又說他是反歷史主義的歷史主義，這問

---

[30] 此文收入余英時著《論戴震與章學誠——清代中期學術思想史研究》一書，外篇、第三章，頁一九七－二四二。

[31] 此處對於歷史主義的定義請參見"Maurice Mandelbaum，History，Man & Reason"（1971，The Hopkins Press．）一書，頁四二。

[32] 關於實齋具有反歷史主義的傾向，此論筆者於民國七十九年間，在清華大學文學研究所一討論會上曾告之龔鵬程先生，彼採之於所著〈文學的歷史學與歷史的文學：《文史通義》——中國史學對歷史寫作活動的思考〉一文中，請參閱氏著《文化符號學》第三章，第五節「述而不作：實齋反歷史主義的史觀」，頁二二一－二三〇，學生書局印行，民國八十一年八月，台北。龔氏之論與筆者所論自有所異同，讀者或可取比而觀，以釐清其分際也。

題頗爲有趣而複雜，須得分析。

章實齋於《文史通義》首篇〈易教〉即言「六經皆史也」之說，其言曰：

> 「六經皆史也，古人不著書，古人未嘗離事而言理，六經皆先王之政典也。」㉝
>
> 「易曰：形而上者謂之道，形而下者謂之器。道不離器，器不離道，猶影不離形。」㉞
>
> 「若夫六經皆先王得位行道，經緯世宙之跡，而非託於空言，故以夫子之聖，猶且述而不作。如其不知妄作，不特有擬聖之嫌，抑且蹈於僭竊王章之罪也，可不慎歟？」㉟

如上所論，「六經皆史」之說，一方面標舉的是「即事而言理」，或者說是「即器而言道」，這樣的傳統，但另方面則強調是先王得位行道，經緯世宙之跡，而非託於空言，即如孔子亦只能述而不作。誠如錢穆先生所言「苟明六經皆史之意，則求道者不當捨當身事物人倫日用以尋之訓詁考訂，而史學所以經世，固非空言著述，斷可知矣！」㊱姑不論其有否歷史性之強調，但「六經皆史也」一語真正對於「經學即理學」之口號與主張有解構作用，此已如前所述。

㉝ 見章學誠前揭書，頁一。
㉞ 見章學誠前揭書，頁三九。
㉟ 見章學誠前揭書，頁三。
㊱ 見錢賓四先生，前揭書，頁三九二。

其實，如果我們仔細端詳前面所引述之三段文字，我們將發現它們隱含三個極爲重要的成分，一是「理事合一」（案：此「理事合一」亦可說其爲「道器合一」）、一是「官師合一」，在這兩個前提之下，我們才能探索所謂的「六經皆史也」。筆者將指出如前所述的「反歷史主義的歷史主義」一詞將可從此索解，蓋實齋「道器合一」或「理事合一」之論即蘊含著歷史主義的氣氛，而「官師合一」則產生了反歷史主義的後果。實齋曰：

「道之大原出於天，……天地生人，斯有道矣，而未形也；三人居室而道形矣，由未著也；人有什伍而至百千，一室所不能容，部別班分，而道著矣。仁義忠孝之名，刑政禮樂之制，皆其不得已而後起者也。……故道者，非聖人智力之所能爲，皆其事勢自然，漸形漸著，不得已而出之，故曰天也。」[37]

這樣所說的「道」顯然地並不是超越的形而上的實體，而是自然事勢之「道」，是就人之生活世界而說的「道」。這是人進到這個世界，而使得這個世界成爲活生生的生活世界之後而開啓的「道」，這樣的「道」是漸形漸著的。就此而言，我們實可以看出實齋頗有歷史性，但值得注意的是，這裡所說的漸形漸著，我們還要考察其背後所站立的基點何在。亦惟如此，我們才能恰當的把握實齋到底是何類型的歷史主義者。不過可以肯定的說，歷史性之

---

[37] 見章學誠前揭書，頁三四。

被帶出之必要條件是從僵固的形而上實體解放出來才爲可能。如前所論，我們可以說當「道」之做爲形而上的實體被解消時，即是那超越的形式性原則被解消時，此於陽明學即可見其端倪。所不同的是陽明學之解消形而上的實體，而其所專任者則在道德主體；而實齋學之解消形而上的實體，其所專任者則在於聖人。實齋曰：

> 「道有自然，聖人有不得不然，……道無所爲而自然，聖人有所見而不得不然也。……衆人無所見，則不知其然而然，……不知其然而然，即道也。……聖人求道，道無可見，即衆人之不知其然而然，聖人所藉以見道也。……學於聖人，斯爲賢人，學於賢人，斯爲君子，學於衆人，斯爲聖人。」[38]

如上所言，「道是自然，而聖人則有不得不然」，此固與戴東原「自然」與「必然」之辨相關，他們都强調人倫日用，但是戴東原最後的落腳點在經義文獻上，而實齋最後的落腳

---

[38] 見章學誠前揭書，頁三五。

點當然不在經義文獻上，而在時變之宜上。[39]就此時變之宜，似乎可見其對歷史性的重視，但仔細考索，我們將更進一步發現其真正的落腳點當在「官師合一」的聖人身上。

再者，我們將可清楚的發現實齋之强調「官師合一」，在現實上是因爲清代的確有將道統與政統揉合爲一的氣氛在，而關連於此，一般知識分子遂有「官師合一」的論點。關於實齋之爲反歷史主義的歷史主義者，其關鍵點便在於此「官師合一」的論點。雖然，實齋一在的强調「言公」，這樣的「言公」看起來似乎有解構所有權的意味，但值得注意的是他解構的是私人的所有權，他强調的是「官師合一」下的「言公」，再者，他又一再的强調「三代」，這便造成了筆者這裡所謂的「反歷史主義」的氣氛。然而實齋於他處所論，則頗有歷史主義的氣氛。兩者合觀，筆者因而稱其爲「反歷史主義的歷史主義者」。[40]

再者，我們要說此與實齋在《文史通義》中强調「推原」道術的方法論有絕對的關係。實齋曰：

㊴ 於此錢賓四先生論之甚詳，錢先生曰「實齋所謂道之自然與不得不然者，亦即〈原善〉自然與必然之辨。故主求道於人倫日用，乃兩氏之所同，惟東原謂歸於必然適全其自然，必然之極致，而盡此必然者爲聖人，聖人之遺言存於經，故六經乃道之所寄，實齋則謂聖人之不得不然，乃所以合乎道，而非可即爲道，自然變則聖人之不得不然者亦將隨而變，故時會不同，則所以爲聖人者亦不同，故曰聖人學於衆人，又曰六經皆史，則六經不足以盡乎道也。故東原始終立論不脫因訓詁考覈以通經，因通經以明古聖人之義理，而我之義理亦從而明，蓋以義理存於必然，必然乃自然之極致也。……實齋則稱事變、稱時會，稱創制，不能即聖人之六經而求，蓋一主稽古，一主通今，此實兩氏議論之分歧點也。」參見錢賓四先生前揭書，頁三八三－三八四。

㊵ 參見龔鵬程前揭書，頁二二一－二三五。

「余僅能議文史耳，非知道者也。然議文史而自拒文史於道外，則文史亦不成其爲文史矣。因推原道術，爲書約十三篇，以爲文史緣起，亦見儒之流於文史，儒者自誤以謂有道在文史之外耳。」[41]

實齋一方面反對於文史之外求所謂的「道」，但卻也不認爲文史即是道，因爲文史是可見的，而道則是不可見的，文史是「器」，而我們當「據可守之器而思不可見之道」，實齋因而推原道術，而著爲《文史通義》。換言之，文史通義者，由文史以通極於道之謂也。用錢先生的話來說，他是經由「稱事變、稱時會、稱創制」的歷程而開啓的，他不是經由聖人的六經而求得的，是由古而通於今，由今而通於古以求之也。這樣子看來，實齋之學的確充滿著歷史性，但問題在於這裡所謂的「推原道術」，是推原到何處？如其子章華紱謂：

「（先君）著有《文史通義》一書，其中倡言立議，多前人所未發，大抵推原官禮，而有得於向歆父子之傳，故於古今學術淵源，輒能條別而得其宗旨。」[42]

如前所言，像陽明在《傳習錄》中所謂的「五經亦史」，這是瓦解了經典的權威性，而

---

[41] 見《章氏遺書》卷廿九，外集二，第五冊，〈姑孰夏課甲編小引〉，頁七六。

[42] 見章學誠《文史通義》，序文，頁一一。

以「即事言道」的方式，一切歸本於道德本心的實踐動源。實齋的「六經皆史」之說，一方面針對的是有清以來「經學即理學」、「訓詁明而後義理明」的主張，思有以變其風氣也。我們雖可說他亦瓦解了以經典文獻之考據爲「道」之根本這樣的理解方式，但我們實不宜說他是要瓦解整個經學傳統，而以爲他是要以史學來替代經學。因爲實齋雖對於有清以來的考據之學思有以變之，但他亦在此五里霧中，他所謂的「推原」並不是在理上去尋出一個超越的根據，而是以一種歷史的溯源法，而歸之於「官禮」。或者，我們可以說實齋之「推原」，就用心上是極爲難得的，但由於「方法」上有所不足，因而導致一些奇特的後果。或者我們可以說他將理論上的「推原」與歷史發生的「溯源」混成一個，而以「歷史發生的溯源」來替代「理論上的推原」。實齋曰：

「夫子述六經以訓後世，亦謂先聖先王之道不可見，六經即其器之可見也。後人不見先王，當據可守之器而思不可見之道，故表章先王政典與夫官司典守以示人，而不自著爲說，以致離器以言道也。……故夫子述而不作，而表章六藝，以存周公之舊典也，不敢舍器而言道也。……蓋官師治教合，而天下聰明範於一，故即器存道，而人心無越思。」[43]

[43] 見章學誠《文史通義》，卷二，〈原道中〉，頁三九－四〇。

如上所述，一方面，實齋極爲強調「即器言道」的立場，而另方面則強調夫子是「述」而不作，只是存周公之舊典而已。換言之，實齋強調的「即器言道」並沒有使得人的思想解放出來，直接由生活世界的體會而上及於道，而是謹守著古先聖王所垂留的典籍，而冀求由此而「據可守之器而思不可見之道」。更直接的說，這樣的「即器存道」，是在「官師治教合一」下，因之而使得天下聰明範於一，而人心亦因之而不敢有所越其所思。顯然地，在實齋心目中，官師治教合一是極爲重要的，而這是中國歷史的古先傳統，是實齋心目中的理想。實齋經由歷史的溯源法而一切歸本於此，並且冀望能一切統會於此。這麼一來，我們可以發現「即器言道」，並因之而及於「六經皆史也」的論點，終將隱含思想統制的特質。更爲弔詭的是這樣的思想統制之特質原是針對滿清的思想統制而發的一個反擊，但它卻與滿清的思想統制之特質形成對立的統整。再如實齋所言：

「古無文字，結繩之治，易之書契，聖人明其用曰：『百官以治，萬民以察。』夫爲治爲察，所以宣幽隱而達形名，蓋不得已而爲之，其用足以若是焉斯已矣，理大物博，不可殫也。聖人爲之立官分守，而文字亦從而紀焉。有官斯有法，故法具於官；有法斯有書，故官守其書；有書斯有學，故師傳其學；有學斯有業，故弟子習其業；官守學業皆出於一，而天下以同文爲治，故私門無著述文字。」[44]

[44] 請參見章學誠著、王重民通解《校讎通義通解》，卷一〈原道第一〉，頁一，上海古籍出版社、新華書店發行。

「古未嘗有著述之事也，官守其典章，史臣錄其職載，文字之道，百官以之治而萬民以之察，而其用已備矣，是故聖王書同文以平天下，未有不用之於政教典章，而以文字爲一人之著述者也。」㊺

這樣子的「官師合一」，同文而治，私門亦因之不必有所著述，亦不會有所著述，這樣子的「書同文以平天下」，我們將可以發現實齋之「推原」結果，而使得一切統之有宗，會之有元，而其宗、其元則是專制式的「官師治教合一」這樣的總體，這總體顯然的是要對當前的治教起一批判及對比的作用，但卻難免其所隱含的專制性格。如此說來，所謂「六經皆史也」便不是說「六經都是歷史」這樣空泛的解釋所能表述其意義的。因爲實齋他所說的「史」指的是「周公之舊典」，而此周公之舊典，「其出於官守，而皆爲憲章」。甚至他更直接的說：

「古無經史之別，六藝皆掌之史官，不特《尚書》與《春秋》也」㊻

「以吏爲師，三代之舊法也。……東周以還，君師政教不合於一，於是人之學術，不盡出於官司之典守。秦人以吏爲師，始復古制，而人狃於所習，轉以秦人爲非耳。」㊼

㊺ 見章學誠《文史通義》，卷一，〈詩教上〉，頁一八—一九。

㊻ 請參見章學誠著、王重民通解《校讎通義通解》，外篇，〈論修史籍考要略〉、頁一六二。

㊼ 見章學誠《文史通義》，內篇五，〈史釋〉，頁一四九。

關聯於此而言，我們實可以說「六經皆史」指的是「古無經史之別」，因一切都統歸於史官之手，而實齋亦因之而論「以吏爲師」乃秦以前就有的「三代舊法」。這麼一來，我們將發現「六經皆史」原來所可能强調的歷史性不但大打折扣，甚至它已成爲另外對立的一面了，亦即前面筆者所言的「反歷史主義」。這樣的反歷史主義與其所含的歷史主義形成一個奇特的綜體，筆者即名之曰「反歷史主義的歷史主義」。

四、結語：專制之瓦解與重生之先兆

如前面諸節所述，筆者皆在經由宏觀的視角，冀求對於「六經皆史也」一語相關的諸問題展開哲學的詮釋與分析。

就學術史的角度來說，筆者肯定「六經皆史也」一語與「經學即理學」一語適形成一個對反，前者所代表的是浙東史學的傳統，而後者則代表浙西經學的傳統。如章學誠自己所言，前者貴專家，而後者則貴博雅；前者遠紹陸王，而後者顯然出自程朱；前者是由心學的傳統轉化而來，後者則由理學的傳統轉化而來。

就思想史的角度來說，章學誠「六經皆史也」口號的提出乃是對於文獻考據權威的挑戰，他想瓦解的是那些考據家們所以爲的文獻權威崇拜，而不是要瓦解經學本身，不是要以史學替代經學。在學問方法上，章實齋之主張「別識心裁」與「筆削抉擇」，此與戴東原之

「訓詁明而後義理明」的思想適成一嚴重的對反。然而，實齋之欲瓦解經學的權威，此與戴東原之批判「以理殺人」，批判那專制性的超越形式性原理，有著若合符節的關係。他們都逐漸注意到人存在的具體性，東原强調的是「血氣心知」的自然人性，而實齋則强調的是「道不離器」的歷史人性。然而弔詭的是，戴東原的「血氣心知」是經由考索經籍而論，並不是由切身的反躬而得，因此其實踐力是有限的。再者，對「以理殺人」的批判，與對於訓詁名物度數的考索與講求，形成一種內在精神上的矛盾狀態。同樣的，章實齋雖然强調「六經皆史」，但我們卻發現他背後所考慮的卻是「官師合一」、「政教合一」，甚至高倡「以吏爲師」，因而難以避免的隱含著權威主義的特質，造成了一種「反歷史主義的歷史主義」的奇特情形。

如此說來，我們可以說戴東原與章實齋雖然彼此學各有所承，而且相對反，但他們卻都有著矛盾對反的性格。這種矛盾對反的性格落在深層的思想史角度來看的話，我們可以說這正是整個清代專制的精神意識瓦解與重生的先兆，是生活世界重新發現的年代，也可以說是舊典範逐漸瓦解的年代，新典範孕育的年代。

第六章 「傳統」與「啓蒙」

——以嚴復〈闢韓〉及韓愈〈原道〉爲對比的展開

提要

本文通過對比的方式，指出了韓愈的〈原道〉所代表的傳統立場，其所強調的是「君本的專制德化政治」，這是自唐朝中葉以來的中國族群之世界圖像。這世界圖像是不同於先秦儒學所強調「民本的德化政治之圖像」，它顯然是先秦儒學的一個扭曲與變形。

直到嚴復的〈闢韓〉，才對此給與徹底的揚棄。嚴氏提出了「民主的契約」所成的政治的要求，這要求一方面採取了儒家的民本，同時亦喚醒了中國傳統其它的各大家派，尤其對於道家特予尊從；當然嚴氏的行文中充滿著演化論及西方功利主義的氣氛。這可以視爲整個中國族群的世界圖像調整的轉捩點。韓愈與嚴復正足可視爲傳統與啓蒙的對比，這對比是充滿著思想史意義的。

一、問題之緣起

嚴復（字幾道，號又陵，一八五三～一九二一）在中國近代思想史上是一個飽受爭議的人物，他曾大力鼓吹改革，並强調民主自由的重要；但他亦是洪憲帝制的推動者，孔教運動的倡導者。❶前後看起來判若兩人，但其實仔細地察看其思想的發展，我們卻可以發現前後期的嚴復有其連續性，可以構成一矛盾的統一。

這裡所謂「矛盾的統一」指的是「矛盾」的成份一直存留在每一個階段，而以互有隱顯的方式表現出來，它應時而發，統體觀之則不離其基本所函具的矛盾特質。換言之，筆者所想强調的是，儘管前期和後期的嚴復看起來有甚大之不同，但兩者並不是斷裂的，而是連續的；換言之，貫串前後期的嚴復有其「同一性」（identity），而這樣的同一性則隱含著矛盾的因素於其中。

---

❶ 據王蘧常所著《嚴幾道年譜》，一八七六年嚴氏廿四歲赴英，一八七七年學成東歸（氏時年二十七歲），一八九八年爲李鴻章賞識便參與改革，至一八九五年（中日戰後）嚴復見國勢日危，腐心切齒，欲致力於譯述以警世，同時發表論文，之後開展了其民主自由的啓蒙任務，民國成立後，轉趨保守，一九一五年參與「籌安會」，鼓吹袁氏帝制，與其「啓蒙」任務似相背反，又回歸「傳統」。

值得注意的是，筆者這裡所强調的「同一性」並不是指一恒定不變的本質，相反的，所謂的「同一性」乃是曠觀其一生，從變動雜多中概括而成的。換言之，所謂的「同一性」與其將之視爲對象客觀之所存，毋寧將之視爲思想主體的要求。❷正因如此，「同一性」所指的乃是一生行誼思想所形成的統體之體（totality），當然這統體之體便充滿了雜多性，甚而有矛盾者在。事實上，雜多與矛盾一方面反應了嚴復的心靈世界，另一方面則此心靈世界實是整個大時代的縮影。

做了以上的概括敍述之後，筆者嘗試舉出嚴復著作中最具有關鍵性及代表性者以爲探索的對象。它一方面要能符合於我們對嚴復的概括理解，一方面要在嚴復的生命史上是具有轉捩點、且又隱含矛盾兩端者。筆者採取的是〈闢韓〉一文，希望借由此文的分析而去豁顯嚴復的思想及其時代的要求，指出「傳統」與「啓蒙」兩者所形成的張力結構，傳統當是啓蒙的資源所在，並且是往前邁進的基底，它是不容拋棄的，而應該予以轉化的創造❸。啓蒙並不是與傳統決裂，而是去開發一嶄新的傳統，由鬆動、批判、瓦解而重建。

---

❷ 這裡筆者所持「同一性」（identity）的觀點，脫胎自休姆（D.Hume 1771-1776）A"Treatise of Human Nature"一書'of Personal Identity'的見解。請參見林安梧著：〈對休姆（D‧Hume）一個新視點的詮釋：以'of Personal Identity'爲中心之展開〉（《思與言》，第二五卷第二期，一九八七年七月）。

❸ 相對於這裡所謂「轉化的創造」（transformative creation），林毓生則提出「創造的轉化」（Creative transformation），而傅偉勳則提出「批判的繼承與創造的發展」，其所指雖有不同，但大體都反對所謂「徹底的反傳統」，而對於傳統給予相當程度的重視。

二、從〈原道〉到〈闢韓〉——文獻的理解與對比的分析

〈闢韓〉一文作於一八九五年，與〈論世變之亟〉、〈救亡決論〉、〈原强〉等文同發表於天津《直報》。是時中日甲午戰爭剛結束，中國嚐到敗績，因而對於多年來的「洋務運動」有了新的反省，全國處在一種焦慮苦悶而又亟思維新的狀況之中。嚴復當時亦著手翻譯赫胥黎（T. H. Huxley）的《天演論》（原書名爲「演化和倫理及其他」〔Evolution and Ethics and other Essays〕）❹，之後則以翻譯（其實頗多加上他個人的詮釋）作爲宣揚其思想的手段。而就其所譯的諸多著作中莫不環繞著啓導民智、興發民力、喚醒民德三大端而展開的，即以〈闢韓〉一文亦重此三大端，這是值得我們去注意的❺。

〈闢韓〉指的是駁斥韓愈所作〈原道〉一文，指出韓愈對於儒家思想的理解與政治體制的詮釋是乖舛錯謬的，在批判的過程中我們發現嚴復一方面凸顯了他所抉擇的中國傳統資源，另方面則毫不保留的援引西方民主政治的傳統來做爲批判的評準。這裡我們看到了，作

---

❹ 大致說來《天演論》可以視爲嚴復思想的內在貫串線索，它影響了整個中國近代的思想，不論傳統派或進步派都受到它的影響。

❺ 在一八九五年發表的諸多論著中，嚴復大底提出了啓導民智、興發民力、喚醒民德三大端以求國族之復興，往後之譯著亦環繞此三大端。興發民力者有《原富》（1897-1900譯），啓導民智者有《穆勒名學》（1900-1902譯）、《名學淺說》（1908譯），喚醒民德者有《群學肄言》（1898-1903譯）、《群己權界論》（1989譯）、《社會通詮》（1903譯）、《法意》（1900?-1909譯）。

爲中國道統的提倡者、興復者的〈原道〉被批得體無完膚，從而可以看出嚴復與韓愈的思維方式迥然不同，他們的世界圖像亦南轅北轍。而更值得我們去注意的是：它們是個斷裂呢？還是個連續呢？❻。

韓愈〈原道〉一文素來被奉爲儒家最重要的道統文獻，享有極高的地位，甚至是神聖而不容批判的。這樣的一篇文獻，它實已不是一篇普通的材料而已，它具有極高的象徵意義，而正巧在中日甲午戰敗之年（一八九五）被嚴復點名批判，正顯示思想史上有了新的契機（相對地舊傳統則面臨了新的危機）。

韓愈〈原道〉一文主旨在於通過對於佛、老的批判而凸顯儒家道統的尊嚴，點出仁義的內涵，强調道德倫理的優先性！更值得注意的是，韓愈對於長久以來的帝皇專制政治體制是全盤接受的，並且以爲帝皇和聖人是合而爲一的，帝皇是一切政治教化之源。當然韓愈所構作出來的世界圖像是希冀「帝皇專制的道德教化」。這樣的世界圖像與孔孟傳統是有距離的，因爲孔孟之所以可貴的是在禮壞樂崩的時代，掘發了人之爲人最內在而根本的動源——怵惕惻隱之仁，並立基於此去點化涵成一道德的理想世界，並以此來對既有的政治體制做一內在的規範與指導。籠統的說，孔孟的理想是「道德教化的宗法社會」，是「道德教化的政

---

❻ 大體說來，傳統論者强調傳統與現代的賡續性（Continuity）而反傳統論者强調兩者之間的斷裂性（discontinuity）。值得注意的是「反傳統論」之「反傳統」的資源往往來自於傳統。換言之，反傳統與傳統當有其密切關係，但之所以會有「斷裂性」的提出，這乃是在一連串的傳統解構下而致的結果。

治體制」，它可能是封建的，但順此理想而往前衍展，現實上卻成爲帝皇專制的。儘管是帝皇專制的，它應該是「道德教化的帝皇專制」，而不是韓愈〈原道〉一文所提倡的「帝皇專制的道德教化」❼。

〈原道〉一文是從辯老子的道德論開始的，繼而做一歷史的回顧，感慨異端之害道，但衆人卻習以爲常，而後作一最爲簡略的社會階層之分析，指出佛老二氏與儒家並主教化，民所以窮困❽。大體說來，韓愈以上這些立論可能囿於篇幅限制，故祇輕啓其端，未有細論；但多少可見他注意到了「仁義」是作爲人之所以爲人的動源及軌範所在。他認爲這是「定名」，是有實質內涵的（「博愛之謂仁，行而宜之之謂義」），相對於此，「道德」則是「虛位」。定名與虛位的對比，指出了倫理內涵的虛實問題，開啓了儒道（佛）關於心性主體及形上實體是實是虛的爭辯❾。事實上，這應是一個值得深入探究辨析的核心所在，但嚴復並未在此著力。嚴復選擇了另一個重心來下手。

「古之時，人之害多矣。有聖人者立，然後教之以相生養之道。爲之君，爲之師，驅其

---

❼「道德教化的帝皇專制」仍是以「道德教化」作爲標的，「帝皇專制」則不能離此標的。但「帝皇專制的道德教化」則處處以「帝皇專制」作爲標準，「道德教化」已成目的異化成工具。

❽請參看《唐宋文舉要》（甲編卷二）〈韓退之原道〉一文吳北江所作的概括論述。

❾關於心性主體及形上實體是實是虛的爭辯，我們可以說韓愈這裡所說的仁義是「定名」、道德是「虛位」已經開其端，直到宋明理學家才致力於虛與實的爭辯，而且虛實成爲論辯的核心所在。

蟲蛇禽獸，而處之中土。寒然後爲之衣，饑然後爲之食。木處而顚，土處而病也，然後爲之宮室。爲之工以贍其器用，爲之賈以通其有無，爲之醫藥以濟其夭死，爲之葬埋祭祀以長其恩愛，爲之禮以次其先後，爲之樂以宣其湮鬱，爲之政以率其怠倦，爲之刑以鋤其強梗。相欺也，爲之符璽斗斛權衡以信之，相奪也，爲之城郭甲兵以守之。害至爲之備，患生而爲之防。今其言曰：『聖人不死，大盜不止；剖斗折衡，而民不爭』。嗚呼！其亦不思而已矣。如古之無聖人、人之類滅久矣。何也？無羽毛鱗介以居寒熱也，無爪牙以爭食也。」（韓愈〈原道〉）

顯然地，韓愈心目中的聖人與一般人是不同個層次的，它是道道地地的超人，而這超人做爲一般人的君師，而且是整個歷史文化之所以可能的根據。韓愈的意思是要高揚「聖人」的價值，而對比的斥責老子的言論。道家發現一旦立了標準，則此標準頓時成了人間世禍亂之源，而韓愈則認爲非有標準不可，此標準蓋源於聖人是也。

從整段文獻中，我們發現韓愈很直接的將聖、君、師三個揉合成一體，而忽略了聖與王，君與師兩組當成一對比的張力結構，相互依持輔助，然後才形成「兩端而一致」的圓環（circle）。換言之，韓愈雖是道統說的提倡者，但是他所謂的道統與政統是模糊不清的，甚至是以政統來涵蓋道統的。所幸，其所說的政統仍是一種理想之政統，而不是現實之政統。再者，我們發現韓愈的理解方式看來很像是歷史發生原因的考察，但其實是形上理由的追溯；或者我可以說它誤將形上理由的追溯與歷史發生原因的考察擺置爲一，並以此去穩立聖人之為一超越的人格。正因韓愈陷入此種混淆的困境，終而遭受嚴復以歷史發生原因考察的方式來反擊它。嚴復說：

「如韓子之言則彼聖人者，其身與其先祖父必皆非人焉而後可，必皆有羽毛鱗介而後可，必皆有爪牙而後可。使聖人與其先祖父而皆人也，則未及其生，未及其長，其被蟲蛇禽獸寒飢木土之害而夭死者，固已久矣，又烏能為之禮樂刑政，以為他人防備患害也哉？老子道，其勝孔子與否，抑無所異焉，吾不足以定之；至其自然則雖孔子無以易，韓子一概辭而闢之，則不思之過耳。」（嚴復〈闢韓〉）

這段話一方面是從歷史發生的經驗層次去反駁韓愈的聖人理論（韓愈所論當在形上理由的超越層次），而另一方面亦藉此搖撼了自古以來的孔子傳統（即聖人傳統）而代之以「自然」的傳統，並認為此自然傳統，即使孔子亦不得更易。嚴復筆下的自然在語句脈絡上似與道家相關，但其實是「演化論」意義下的自然，強調的是「適者生存，不適者淘汰」。[10]

值得注意的是，韓愈的思維方式很明顯的受到帝皇專制時代的限制，而嚴復的思維方式

[10] 嚴復曾以《天演論》的思想為根底而評點老子，甚至直接的說老子「天地不仁，以萬物為芻狗」此是「天演開宗語」。見氏著《老子道德經評點》，頁五，收入《無求備齋老子集成》第九函。

背後則是民主政治，以及演化論的歷史觀。⓫

「是故君者，出令者也；臣者，行君之令而致之民者也；民者，出粟民麻絲，作器皿、通貨財，以事其上者也。君不出令，則失其所以爲君。臣不行君之令而致之民，民不出粟米麻絲，作器皿，通貨財，以事其上則誅。」(〈原道〉)

相對於韓愈對君、臣、民三者的理解，嚴復首先說「苟如是而已，則桀、紂、秦政之治，初何以異於堯、舜、三王？」顯然地，韓愈是很難回答這個問題的，因爲他並未真正留意到君、臣、民三者必得有一互動關係。他雖說是「君不出令，則失其所以爲君」，但並未具體的說當該怎麼辦？因此這話也就祇是空話。再說韓愈筆下的「君」乃是一切價值之根源，足作爲一切之判準，他是作爲人間世的絕對標準，故該誅的是臣民，不是國君。

嚴復扭轉了這個由上而下，並一切以國君爲依歸的政治圖像。他說：

「韓子胡不云，民者出粟米麻絲作皿器通貨財以相爲生養者也，其有相欺相奪而不能自治也，故出什一之賦且置之君，使之作爲刑政甲兵以鋤其強梗，備其患害。然而君不能

⓫ 當時如康有爲、廖平、譚嗣同等人則開發中國儒家公羊學的傳統，盛談據亂世、昇平世及太平世的三階段說，並揭示「天下爲公」的理想來接合西方之進化論及民主政治的思想。

獨治也，於是爲之臣，使之行其令，事其事。是故民不出什一之賦則莫能爲之君：君不能爲民鋤其強梗防其患害則廢，臣不能行其鋤強梗防患害之令則誅乎？」（〈闢韓〉）

顯然地，嚴復對於政治的組織構造是以「民」爲根本的，這一方面是來自西方契約論的傳統，另外一方面是來自於儒家孟子民本的傳統（「民爲貴，社稷次之，君爲輕」），而且他亦注意到了道家所謂「竊鉤者誅，竊國者侯」的負面批評，點出韓愈之「務尊其尤強梗最能欺奪之一人，使安坐而出其惟所欲爲之令，而使天下無數之民各出其苦筋力勞神慮者以供其欲，少不如是焉則誅。」這是違背天意的，道之大原亦非出於此；因道之大原蓋出於天，天者衆民之謂也⑫。

嚴復仿效了韓愈〈原道〉一文中闢佛老所使用的語氣，他說：

「嗚呼！其亦幸出於三代之後，不見黜於禹、湯、文、武、周公、孔子也：其亦不幸不出於三代之前，不見正於禹、湯、文、武、周公、孔子也。」（〈闢韓〉）

筆者之所以特別提出這段話，是想說明，嚴復雖闢韓，他駁斥了韓愈傳統，但他並未反中國的堯舜傳統，他根本上認爲韓愈傳統是不符合於堯、舜、孔子傳統的。當然傳統的解構

---

⑫ 以上所述乃約述嚴復〈闢韓〉之論點而成，下若仿此則不另加註。

是逐步的，但在此我們似亦可看出傳統並不是單面向的，而是多面向的。何以一個多面向的傳統被視爲單面向，而徹底地被揚棄呢？這是中國當代思想史上的大問題，值得吾人注意。

依嚴復看來，君臣之倫是出於不得已。因爲「有其相欺、有其相奪、有其强梗、有其患害」故「擇其公且賢者立而爲立君」，簡言之：

> 「其意固曰：吾耕矣織矣，工矣賈矣，又使吾自衛其性命財產焉，則廢吾事，何若使子專力於所以爲衛者，而吾分其所得於耕織工賈者，以食子給子之爲利廣而事易治乎？此天下立君之本指也。是故君也、臣也，刑也、兵也，皆緣衛民之事而後有也；而民之所以有待於衛者，以其有强梗欺奪患害也。有其强梗欺奪患害也者，化未盡而民未盡善也。是故君也者，與天下之不善而同存，不與天下之善而對待也。」（〈闢韓〉）

嚴復這段話清楚的說明了君臣是不得已的，是暫時的權宜，而不是永恒的、不變的、經常的次序。正因其祇是不得已的權宜施設，「故不足以爲道之原」。

依韓愈看來，「帝之與王，其號名殊，其所以爲聖一也」。帝王即聖，即道之大原。所謂的政治教化便由此展開，他說：

> 「夫所謂先王之教者何也？博愛之謂仁，行而宜之之謂義，由是而之焉之謂道，足乎己無待於外之謂德。其文詩書易春秋，其法禮樂刑政，其民士農工賈，其位君臣父子師友

賓主昆弟夫婦，其服麻絲，其居宮室，其食粟米果蔬魚肉，其為道易明，而其為教易行也。是故以之為己，則順而祥，以之為人則愛而公，以之為心則和而平，以之為天下國家則無所處而不當。是故生則得其情，死則盡其常，郊焉而天神假，廟焉而人鬼饗。」(〈原道〉)

顯然地，仁義道德是其根本內涵，而這根本內涵是由經典展開其教化的，於社會政治則是通過禮樂刑政而開展的，由士農工商的職業分途，及君臣父子師友賓主昆弟夫婦的人倫間架而涵化以成的，進而關於人的食、衣、住等皆有所範圍。韓愈認為此「為道易明，為教易行」，「故以之為己則順而祥，以之為人則愛而公，以之為心則和而平，以之為天下國家則無所處而不當」。明顯地，韓愈認為穩立了帝王聖君做為教化之源，才能達成這樣的理想。但嚴復的想法適恰相反，他說：

「夫如是之民，則莫不知其性分之所固有，職分之所當為矣，尚何有於強梗欺奪？尚何有於相為患害？又安用此高高在上者，朘我以生，出令令我，責所出而誅我，時而撫我為后，時而虐我為仇也哉？」(〈闢韓〉)

姑不論嚴復的批評是否能駁倒韓愈，但我們卻已可清楚地看到嚴復對於「君臣」關係頗有意見。他不似韓愈之全盤接受並順成它，他發現此中所當涵具的張力，並點出「君臣是不得已的權宜施設」而不是「不得不的經常之義」。在此我們發現傳統的解構以「政治」這個層面最爲明顯，政治的解構說明了各個層級皆面臨了瓦解或調整的必然命運。⓭

嚴復雖對於君臣的關係頗有忌憚，但他並不就徹底要棄君臣之倫，他認爲「其時未至，其俗未成，其民不足以自治也」，而民之未能自治則是因爲「才未逮，力未長，德未和」，若能「早夜以孳孳求所以進吾民之才、德、力者，使其無相欺相奪而相患害也，吾將悉聽其自繇（由）」。因爲「民之自由，天之所界」，是不可禁的；但惟有民至於能自治，才可享此自由⓮。嚴復所强調的是漸進改革，而不是劇烈的革命，這裡隱含著由演化論所導生「歷史進步觀」的影子⓯。在辛亥革命前，這樣的歷史觀敦促著嚴復從事改革，革命後，它卻敦促著嚴復從事帝制運動。同樣的思潮卻可能兩樣迥不相同的實踐方式。

嚴復心目中的民主法治之邦是英、法、德、美，他認爲這些上邦之進於今治，這亦祇不

⓭ 值得注意的是，「政治」祇是傳統某個面向，故政治的解構並不即是傳統全面的解構。中國長久以來的「泛政治化」使得近代中國知識分子有意無意地以爲政治問題解決了，一切問題便解決了，其實不然。

⓮ 大略說來，嚴復强調以「自由爲體，民主爲用」的想法。Benjamin Schwartz、李澤厚、周振甫等人皆於此頗有所論。事實上嚴復對於西方自由主義的理解是很有問題的。他將個人主義的自由理解成集體主義所要求之自由。林安梧〈個性自由與社會權限〉——以穆勒（J．S．Mill）「自由論」爲中心的考察兼及於嚴復「群己權界論」之對比省思一文曾指出嚴復對於「自由」的詮釋導致今人的歧解。

⓯ 據王蘧常《嚴幾道年譜》謂「光緒三十一年乙巳（一九〇五年），先生五十三歲，……先生處倫敦，時孫中山博士文適在英，詣先生之至，特來訪，談次，先生以中國民品之劣，民智之卑，即有改革，害之除於甲者，將見於乙，泯於丙者將發之於丁，爲今之計，惟急從教育上著手，庶幾逐漸更新乎！博士曰：俟河之清，人壽幾何，君爲思想家，鄙人乃執行家也。」此可見嚴孫二氏之異同。

過數百年數十年的事情罷了，況且「彼爲其難，吾爲其易」。中國在地大、物博、人多的情況下，若能「去其害富害强而日求其能與民共治」則進於西方之今治是不難的。在求自強的要求之下，是不可以泥於古人之書的，當然更不能泥限於秦以來的法制，他說：

「苟求自強，則古人之書且有不可泥者，況乎秦以來之法制！如彼韓子徒見秦以來之君；秦以來之君，正所謂大盜竊國者耳。國誰竊，轉相竊之於民而已。既已竊之矣，又惴惴然恐其主之或覺而復之也，於是其法與令蝟毛而起，質而論之，其什八九皆所以壞民之才，散民之力，離民之德者也。斯民也，固斯天下之眞主也，必弱而愚之，使其常不覺，常不足以有爲，而後吾可以長保所竊而永世。」(〈闢韓〉)

秦以來之君是大盜竊國，當然清亦是大盜，嚴復發出這樣的正義呼聲的確不易。依他看來，民才是真主，大盜竊此真主之國，並以法令壓制之，結果壞了民才、散了民力，離了民德，這才是中國的問題癥結所在。而現在之改革卻亦不可驟去君主，而應恢復吾民之才、德、力才能去此君主，使民爲國之真主。

他指出西洋之言治者說「國者，斯民之公產也；王侯將相者，通國之公僕隸也」，而中國之尊王者則說「天子富有四海，臣妾億兆」。由於西洋之尊貴其民，故彼等感「爲其公產公利自爲鬥，而中國之奴虜其民、臣妾其民，故彼等是「奴爲其主鬥」。「驅奴虜以鬥貴人」當然無所往而不敗。社會政治的實際狀況，催迫著嚴復做出這樣的立論，揭示了另一個嶄新的世界圖像。

三、結語：「傳統」與「啓蒙」的弔詭

作了上述冗長的分析之後，我們可以清晰的發現嚴復的〈闢韓〉一文顯示了一個轉捩點的意義。他揚棄傳統，尋求啓蒙；但他又從傳統中取得資源來和外邦理想相比配接合。儘管他筆下的政治社會圖像全然不同於韓愈的圖像，但他更掘發了韓愈所締造之傳統的更根本資源，那是原始儒家的理想，即所謂的堯舜傳統，或所謂的孔孟之道。

孔孟之道的堯舜傳統強調的是民貴君輕，提倡的是大道之行，天下爲公，即使落實於帝皇專制，但仍秉持著道德教化的目標。道德教化與帝皇專制兩者形成對比的張力結構，相持而相輔，此即所謂「道德教化的帝皇專制」。韓愈之以君主帝王爲聖道之源，泯除了道德教化與帝皇專制兩者所互持互輔的對比張力結構，使得帝皇專制成爲絕對的統括者，於是道德教化亦無獨立性，而祇能涵於其中，此即所謂「帝皇專制的道德教化」。儘管韓愈所謂的「帝皇專制」仍以堯、舜、禹、湯、文、武、周公等先聖王爲理想，但由於思想的間架不同，其所呈現出來的圖像亦不同。堯舜孔孟的傳統的確迥異於韓愈傳統。這是值得我們更進一步去注意的。

嚴復之〈闢韓〉旨在掰倒韓愈的「帝皇專制的道德教化」，他不再以帝王聖君作道之大源，他指出道之大源在天，即在衆民。這明顯的是想從原始儒家的民本傳統做一轉化的創造

而開出民主傳統，他大膽的指出「國者，斯民之公產也」——這是符合於近代國家觀念的；「王侯將相者，通國之公僕隸也」——這是符合於近代民主觀念的。⑯他想締造的是「民主政治的教化傳統」。放在整個思想史的脈絡來看，我們發現嚴復對於民主自由的理解仍嫌不足，他忽略了自由之爲自由是依於個別性（individuality）而交光互網建立以成的，他太著重於群體性的自由，以作爲富强的動力，這雖然不免歧見誤解，但很明顯地，他已走出了民本而要求進至民主。民本與民主是不同的，是該當釐清的，若欲發揚傳統而將此渾成一片則不但無益，反而糟塌了傳統。⑰

韓愈的〈原道〉旨在闢佛老，而凸顯儒家的道統並配合帝皇專制而形成一元化的道德教化，所締造的是一元而分層以統多的關係。嚴復的〈闢韓〉旨在闢專制，而凸顯近代民主國家的理想，所締造的是多元以顯其一的圖像。更值得注意的是韓愈的思維方式强調的是形上理由的追溯，從而誤爲發生原因的考察，兩者揉合爲一，造成梗塞不通。嚴復的思維方式强調的是歷史發生原因的考察，它不同於以往之所重的先驗層次，改而著重經驗的層次。這代表兩個截然不同時代的思維方式。韓愈所强調的是靜態的排列，而嚴復强調的是動態的發

---

⑯ 國家（Common wealth）這個字原就是「公產」的意思，它指的是大家一齊參與它而成的獨立社會。而公僕隸（Public servants）這個觀念的提出是與契約論所謂的「委託權」息息相關的。請參看J．Locke"Second Treatise of Govenment"《政府論次講》，第十章、第十二章。

⑰ 大體來說，中國傳統祇有民本的思想，而無民主的思想。民本是以民爲本，是for the People；而民主是以民爲主，是by the People。可能有帝制下的民本、封建下的民本、極權下的民本及民主憲政下的民本，但卻祇有民主自由下的民主。

展。韓愈想獨尊儒術，而嚴復則旁搜遠紹，唯用是瞻。

傳統是在時間的賡續性所成的歷史之流逐漸刷汰累積而成的，當它作爲一個與啓蒙相對的詞來看，特別強調的是以往的累積已難以消融而逐漸僵化成教條，並從而使得自身喪失了生機力，生命變得暗淡無光，衰頹破敗。但果真傳統就是這樣嗎？啓蒙者往往重新點燃了自己生命的亮光，重新去審視傳統，掘發傳統的生機，再造新局。當然啓蒙者或許揮刀斬亂麻的想告別傳統，但可能傳統之水仍就浩浩蕩蕩望前流去。啓蒙，或如康德所說「是人之超脫於他自己原先的未成年狀態。」⑱，但並不意味得毀棄其自己未成年的身軀。啓蒙是生命力之再現，是生命之成長而不是告別。亦惟有在其賡續性（Continuity）中才能護守住自己的同一性（identity），才能吸收、融化、望前邁進。

---

⑱ 參見 Immanuel Kant "What is Enlightment?" 收入 "On History" 一書，Translated by L · W · Beck，P · 3，The Library of Liberal Arts Oskar Piest. Found er 1975年。又李明輝曾據德文版翻譯，見〈康德：答何謂啓蒙？〉收入聯經思想集刊；第一集。一九八八年五月。

第七章　個性自由與社會權限

——以穆勒（J. S. Mill）「自由論」爲中心的考察
兼及於嚴復譯「群己權界論」之對比省思

提要

本文主要在釐清J. S. Mill〔自由論〕（on liberty）一書的主題，並相應於此而指出嚴復所譯〔群己權界論〕一書所致的轉折與扭曲。

筆者乃通過一文獻的理解與拓深來理解J. S. Mill，指出彼強調「自由乃是一權力的限制」、「眞理是在自由之場中開顯的」、「個性即是自由之場」；並基於上述諸端，而點出「社會權限與自由原則之釐清」的可能。在行文過程中，筆者更以對比的方式凸顯出嚴復的限制，並因之而指出中國當代所要求接受的民主自由之思想受到了什麼樣的限制。最後則強調個人、社會、政府三者的區分，指出一理想的自由社會之藍圖。

一、問題之緣起

近些年來由於課程所涉，使我有更多機會接觸到西方現代的思想源頭，從而使我對於中國傳統有更多的省思。儘管在對比性的釐清中免不了化約的弊病，但卻深自慶幸由於對比性的釐清，使得我所知的中國傳統資源逐漸能夠掘發出來，而相形之下，對於西方現代性（modernity）的理論亦漸穩定、清晰。

大致說來，如果從政治文化的角度來審視所謂的西方當代性，當脱離不開「自由」與「功利」這兩個核心的概念。在中國當代思想史的舞台上，這兩個詞無疑地是兩個核心的論題。我們這麼說，並不即認定中國當代思想史上對於自由及功利的追求乃是完全來源於西方自由主義及功利主義的傳統；而祇是說，我們似乎以此爲核心而形成了一個龐大的思想氣氛，或者複雜的言談界域。

仔細地去省視這個龐大的思想氣氛及複雜的言談界域，我們將可發現我們對於自由（liberty）及功利（utility）的理解是極爲糾葛而難理的。一方面受制於傳統理念的牽絆，另方面則受困於急切的實踐要求；如此一來，保守者不了解其所當保守者爲何，激進者不了解其所當激進者爲何。保守、激進，傳統、現代祇成了相斥的斷裂體，而整個思想舞台便在無章法的情況下大打出手，熱鬧而貧乏，喧囂而無意義。

無疑的，「自由」（liberty or freedom）與「功利」（utility）這兩個核心概念絕不是一單純的概念，在西方思想史上，它是個與許多複雜的概念叢相接而成的概念。就以「自由」這個概念來說，從洛克（J. Locke）、霍布斯（T. Hobbes）、盧梭（J. J. Rousseau）、康德（I. Kant）、費希特（J. G. Fichte）、黑格爾（G. W. F. Hegel）乃至穆勒（J. S. Mill）、海耶克（F. Hayek）、羅爾斯（J. Rawls）可說是源遠流長，各有勝義，或相傳承，或相駁議，形成了一極爲豐富的言說境域及思想氣氛，釋放出的思想內容涵化於整個政治文化之中，參與現世的實踐辯證。就所舉這些人物之中，穆勒（J. S. Mill）所著「On Liberty」（自由論）是進入中國當代思想界中最早的一人，這當然得歸功於嚴復的翻譯，但正因爲嚴復之翻譯根本上不祇是翻譯而已，他摻雜了許多個人從傳統古典中得來的理念，加上其典雅的文言文素養蘊釀成一嶄新的言說境域及思想氣氛。明顯地，穆勒的「自由論」的核心思想並未恰當而徹底的釋放出來，而是以彼所譯的「群己權界論」和大家見面了。

筆者本文的目的旨在對於穆勒的《自由論》（On Liberty）作全盤性的思想勾勒及檢討，並通過嚴復所譯〈群己權界論〉作爲對比，一方面豁顯穆勒思想的主題，另方面釐清嚴復所摻入的思想要素。大體說來，筆者是通過一種文獻理解拓深之路，來理解穆勒；而且以對比的方式來釐清嚴復。文中筆者儘量將自己所涉及相關之思想（不論中外），以隨文點說的方式闡釋之，這是一個「初耕者」的嘗試，是累積自己思想資源的一個試驗。

二、「自由」乃權力之限制

穆勒在《自由論》（On Liberty）一開首即指出他所要討論的主題是「公民自由或社會自由」（Civil or Social Liberty)而不是哲學上自由與決定論的問題。這個主題是探討社會所能合法施用於個人的權力的性質和限度。❶雖然他的處理方式是一般性的全盤處理，但從他的文字脈絡中我們發現他的論述充滿著歷史性。他先從歷史上曾發生過的自由與權威（authority）之間的鬥爭之概括敘述，一方面指出了統治者的必要，但另方面又指出了統治者的可怖，在這種情況之下，終而逼出了「對於統治者施用於群體權力的限制」這樣的自由。這個見解似乎說出了自由的消極意義，但事實上，它是對於「自由」最爲具體而積極的現象描述，這比起任何從基礎論的方式來思考什麼是自由要來得有力量。❷自由是一種對於權力的限制，這指出了人們可以擁有政治權利及自由，更進一步的可經由一些合理的管道而締結成代議團體來行使同意權或委託權。

穆勒指出由統治者對於被統治者的敵對關係，隨著政治的演進一變而爲限制的關係，更

❶ Max Lerner 編"Essential Woks of John Stuart Mill"(簡稱 EWM)頁二五六。Bantan Books, London, 1965。

❷ 筆者以爲關於自由的論述儘管千差萬別，但大別則不外有「基礎論」的方式及「現象描述」的方式兩種。如康德、黑格爾的基礎論的思維方式，而穆勒則是現象描述的方式。洛克及盧梭則介乎兩者之間而著重點仍在基礎論的思維方式。

進而爲委託的關係。在政體上是由專制政體一變而爲民主共和。這時統治者和人民合而爲一，統治者的利害及意志便與全體人民的利害及意志合而爲一。全體人民就不必害怕統治者的肆虐，但穆勒發現另一新的肆虐可能。這肆虐可能不是來自於統治者對於人民（被統治者）的肆虐，而是一種社會的肆虐，是來自於一些强而有力所造就的多數個人所成的「多數的肆虐」（the tyranny of the majority）❸。穆勒指出多數的肆虐其程度遠過於政治的壓迫，它透入到生活細節之中，無孔不入，它奴隸了靈魂本身。

明顯的，穆勒繼承著自洛克（J. Locke）以來的契約論傳統，區分了社會（Society）及政府（Government）❹，不過他更清楚的警覺到當我們的政府完全是依法（依人民的委託及同意）從社會中建立起來時，政府所可能擁有的專制肆虐便移轉到了社會。要是社會都被另一種無孔不入的專制肆虐所荼毒的話，那比起原先的政治壓迫更可怕。永保社會成爲一個活潑生機之場正是穆勒《自由論》的重要主題，亦是西方民主政治所强調的首要課題。

爲了使社會成爲生機活潑之場，穆勒極强調個人的個別性（individuality）是不容化約的，是該當受到最爲優位的尊重的。他提出的原則是：祇有基於自衛的目的，人們才有理由，集體或個別地干涉他人行動的自由。對於自己的身軀及心靈，個人乃是最高的主宰

---

❸ 參見EWM頁二五八。

❹ 社會與政府的區分一直是西方契約論的核心見解，在中國當代政治思想的接引方面似乎未正視及此，這亦是當代中國政治一再發生悲劇的主要原因之一。

❺ 參見EWM頁二六三。

者❺。

個人之作爲最高而不可化約的自我主宰者，這樣的論點一方面點示出社會生機活潑的可能性乃來自於個人，另一面則亦暗許人是有理性的存在，人們會有一共同而互利的要求。值得注意的是這裡所謂的「理性的存在」是包含整個具體的實存的人之性格，包括情感、意願、趣味、性好等等。穆勒認爲這些個人的生命力（Vitality）乃是使得理性真正開顯的動因，不容忽略。換言之，有了真正的自由才有真正的理性；並不是強調有一種先驗的理性作爲根據，才有所謂的自由。❻穆勒強調思想、意識乃至言論的絕對自由，依於自己性格與趣愛好而生活自由，彼此聯合的自由。這自由在那裡的存在都是絕對而没有規限的，除非它直接危及到別人。❼

穆勒見到這個世界有一個日益增長的傾向，那是社會的權力凌駕於個人之上，而且它通過了輿論的力量及立法的力量，幾乎無孔不入。他以爲這是一個可怕的災禍，除非我們能回復真正的思想及討論的自由，否則不可能克服。總而言之，此決不容化約人的個性，因爲有真正的個性才有真正的自由。

在穆勒的原文中他所强調的「自由乃是社會權力的限制」，而在嚴復的譯文中他著重的

❻ 就此而言，穆勒顯然的與洛克及康德不同。這亦如同❷筆者所謂的，穆勒採取的是一種現象描述的方式，而不是基礎論的思考方式。

❼ 參見 EWM 頁二六五。

是「群己的權界」。換言之，穆勒是以個人爲根本的，爲優位的；嚴復在行文脈絡中雖仍儘量的脗合穆勒，但從其語句結構及意味卻處處透露出中國知識分子以天理良知爲其生命根底的見解，此即彼「人格不備，不得自繇（由）」之謂也❽。無疑的，嚴復所了解的「小己」與穆勒所謂的「個人」是有差別的。「小己」是通於大我的，而「個人」與社會則是異質的。

三、眞理於「自由之場」中開顯

穆勒既然强調個人是根本的、優位的，而個人之於社會最直接的便是思想及言論了，因此個人之思想及言論之自由是不容許壓制的。他强調的說：「如果全人類除去一個人祇有一種意見，而那一個人另有相反的意見。前者是不應該禁止後者發表其意見的，正如同後者亦不應以其權力禁止前者發表其意見一樣」❾。顯然地，意見之爲意見並不是因爲持有者的多寡而爲意見，就其意見本身來說，無程度之別，它的質是一樣的。因爲它都能表達出眞理：要不是正面的說出眞理，亦可以是眞理的反面教材。換言之，眞理之爲眞理是在一多元而相對的情境中開顯的，祇要有所錮蔽則將是眞理的損失。

❽ 參見嚴復譯「群己權界論」，頁一〇，一一，台北商務印書館，民國五九年，台三版。

❾ 參見 EWM 頁二六九。

穆勒著重的不是什麼超越或先驗的真理，他通過經驗現象的描述指出真理是在不確定中開顯的，是在時刻面臨批判的挑戰下開顯的。我們是假定自己所持之意見爲真確的情況下去進行實踐的。當然這裡所謂的「所持之意見爲真確」的假定是要通過各種機會的競爭與未被駁倒來加以考驗的。惟其通過了這些競爭及駁議的考驗才有所謂的假定的真確，如果通過權力的壓迫不許競爭與駁議，則所持之意見便無所謂的真確與否[10]。

如上所述，這並不是說穆勒不認爲有確定的真理存在，而是說確定的真理是要不斷接受質疑與批判的。正因爲承受得起質疑與批判，它才是真正有利（utility）的；而所謂的質疑與批判是預取一個自由而開放的言說情境下所展開的。明顯的，「自由」（Liberty）、「功利」（utility）及真理（truth）這些概念，穆勒通過一個現象的描述通通把它們關連成一體了。

穆勒對於歷史是極爲熟稔的，他舉出蘇格拉底、耶穌乃至歷史上其他偉大人物的言行竟在當世被視爲異端而遭受迫害[11]。敘述的過程中，他巧緻的區分了兩個不同的傳統：一是言說辯論的傳統，另一則是實踐批判的傳統。大體說來，他認爲前者是可以激烈而徹底的展開，因爲這樣有助於真正的溝通，而後者則宜溫和而容忍，因爲惟有這樣才不會殃及無辜的

[10] 參見 EWM 頁二七一。
[11] 參見 EWM 頁二八三。

異議者[12]。

穆勒强調如果一個理論在戰場上喪失了「敵人」，那麼不論教者或讀者都可能在自己的崗位上睡著了。他又提起所謂「既定意見的沈睡」（the deep slumber of a decided opinion）[13]。這在在可以看出穆勒將所謂的真理視爲一種啓導與開發的歷程，視爲一種辯難及對話的歷程。依他看來，真理在很大程度上是對立物的協調及結合，人們很少具有足夠恢宏公正的心胸能調整到幾近於正確；因此便祇有通過交戰雙方在敵對旗幟下展開鬥爭的粗暴過程方能做到[14]。明顯的，穆勒探索的不是真理之理據如何可能的問題，而是真理之發生如何可能的問題，這不是基礎論式的探索，而是現象描述的思考。

穆勒似乎對於當時的基督教會頗有異議，從而對於基督教有不少的批評，他以爲當時所謂基督教的道德乃是一種神學的道德，這並不是基督本人或者基督使徒的作品，而是教會的作品。他認爲在近代道德中許多可取的部份是來自於希臘和羅馬而不是來自於基督教。他以爲即使基督本人的教義和訓條祇包有而且祇想包有真理的一部份[15]。真理難得，任何教言都不免其片面性，即如基督亦然，這樣的宣稱無疑的是向我們宣稱在這世間的一切皆是人，人

---

[12] J. S. Mill 這兩個傳統的區分是極值得注意的，它可以關連到契約論傳統，如洛克之區分自然狀態與社會狀態來思考。在西方民主自由的傳統裡，最可貴的是一直有這兩個面向的區分，使得彼此產生一互濟互輔但又相互擷抗的作用。俟後再論。

[13] 參見 EWM 頁二九二－二九三。

[14] 參見 EWM 頁二九七。

[15] 參見 EWMM 頁二九九－三〇〇。

祇是開顯真理之部份與片面罷了。如果我們狂妄的以爲我們擁有真理之全，或者誤將人間的組織——如教會，誤認爲是上帝的代言人，而一方面霸道的自以爲是，另方面則奴性的卑屈於所謂的「最高意志」；如此一來，其所自以爲是的不但無法擁據所謂的真理，甚至回過頭來抑壓了真正的真理，其所服從的「最高意志」亦祇是浮面而虛假的，至於說對於所謂的「最高善」則無任何的知覺（perception）或共感（Sympathize）。穆勒認爲在人類心靈未臻完善的狀態下，真理的利益需要有意見的分歧[16]。正因有意見的分歧，才可能使得人們對於真理有具體而實存的共感與知覺。

歸結而言，穆勒極爲強調思想自由和討論自由對於人類的精神福祉的確有其必要性，他的論點有四：

一、如果有些什麼意見被迫緘默下去，據我們所能確知，那個意見卻可能是真確的。否認這一點，就是假定了我們自己的不可能錯誤性。

二、縱使被迫緘默的意見是錯誤的，但它也可能含有部份真理；再者，任何題目上，普遍意見亦即得勢意見也難得是全部真理；因此，祇有藉敵對意見的衝突才能使所遺真理有機會得到補足。

三、即使公認的意見是全部真理，如果不讓它實地遭受猛烈而認真的爭議，那麼多數的接受者把持這個意見，就像抱持著偏見一樣，對於它真正理性的根據就很少理解和知覺。

---

[16] 參見 EWM 頁三〇〇。

四、以教義來說，其意義本也會有喪失或減弱，並且失去其對品性行爲的重大作用之危險。因爲教條若已變成祇是形式上宣稱的東西，那麼對於致善是無效力的，它妨礙著去尋求根據，並且還阻擋著任何真實的、有感於衷的信念，使它們難以從理性或親身經驗中生長來。[17]

上述四點正指出了任何意見的可錯誤性，以及任何言說所含真理的片面性，更重要的是真理之爲真理必當是可以切身知覺到的，是通過切身的經驗而長養的。承認任何言說所含真理的片面性及任何意見的可錯誤性，反顯出任何意見與言說都不可自據爲真理，而以權力來封限任何其他的意見與言說。惟有讓各種意見與言說任其自身的開顯其自己，如此才何能豁顯真理。正因爲各種意見與言說任其自身的開顯其自己，故讓每一個人都能在這自由而開放的情境中知覺理會到所謂的真理。依穆勒看來，真理者，真正自由開放，諸多言說辯論所豁顯之理也；真情實感，具體而存在所體受知覺之理也。

當然穆勒論及思想及言論自由時預取著一個理想的溝通情境。值得注意的是，所謂理想的溝通情境並不是一玄想而掛空的溝通情境，而是一具體而落實的、有血有肉、有交談、有辯論、有喧鬧、甚至惡言相向，但卻足以開顯真理的諸多可能情境。穆勒相信在這樣的言說辯證過程中才足以豁顯真理，並更進一步推進真理的繼續豁顯與成長。

如前面所述，穆勒事實上區分了「言說系統」與「實踐系統」，他強調吾人當該要有一

---

[17] 參見 EWM 頁三〇一－三〇二。

「激烈的言說傳統」，亦當該要有一「容忍而溫和的實踐傳統」。如果用中國哲學傳統的「知、行」範疇來說，穆勒所强調的並不是「知行合一」，而是「知行爲二」。

當然中國哲學傳統之强調「知行合一」的哲學派別極爲繁多，但籠統而說，中國哲學所謂「知行合一」的「知」大體是道德之知，而不是知識之知。穆勒之知則著重在知識之知，而不是道德之知。道德之知與道德之行是通極爲一的，乃是一種無上命令的執行；知識之知與社會實踐，依穆勒看來則是分立爲二，是互輔互濟的。

就嚴復的翻譯來說，由於彼對於譯事本身信、達、雅的要求，結果弄得雅爲上、達次之，信又次之。嚴復所使用的雅言——中國古典的文言文本來就含藏著太多的倫理性[18]，加上嚴復本人的傳統薰陶，使得他將原先穆勒所强調的知識理論之辯說與溝通一轉而爲倫理意味或價值意味之實踐與修養。茲舉一段文字爲例，嚴復譯曰：

「……吾之心求其正，吾之意求其誠，心正意誠則吾之好惡是非，固視聽言動之程準也。所以闢邪說，所以距詖行，使不至於惑世誣民而亂天下者，亦如是而已矣，初何嘗以無對不諍而莫與易自居也哉。」[19]

---

[18] 中國傳統文言文含有許多的倫理意味，這並不是由於文言文的字詞（word）所造成的，而是由於字詞的脈絡（Context）所形就的。

[19] 見嚴復譯「群己權界論」，頁二〇。

穆勒的原文是：

「We may, and must, assume our opinion to be true for the guidance of our own conduct: and it is assuming no more when we forbid bad men to pervert society by the propagation of opinions which we regard as false and pernicious.」[20]

恰當的中文翻譯當作：

「……爲要指導自己的行爲，我們可以也必須假定自己的意見是正確的；如果我們不容許壞人傳播我們認爲錯誤和有害的意見去貽誤社會，那也還不是更以不會錯誤自居。」[21]

對照穆勒原著及現行的白話譯文，我們可明白的發現嚴復的翻譯雅固雅矣，但整個文字脈絡

---

[20] 參見EWM頁二七一。

[21] 參見郭志嵩譯「論自由及論代議政治」，頁一六，協志工業叢書，民國七十六年二月五版。又鄭學稼先生則譯作「我們理應和必需假定，我們的意見適於指導我們自己的行爲；當我們禁止不善的人們宣傳被我們認爲錯誤與有害的意見而使社會墮落時，也不過是依同一的假定」。（見「自由主義」，帕米爾書店印行，《自由論》，頁二一。）又程崇華則譯作：「我們可以也必須假設自己的意見爲真確以便指導我們自己的行爲；而當我們去禁止壞人借宣傳我們所認爲謬誤和有害的意見把社會引入邪途的時候，那就不算是什麼假設了」。（見「論自由」，頁二一，唐山西潮文庫，民國七十五年八月，台北印行。）筆者以爲郭譯最爲要切，鄭譯其次，程譯又其次，至於嚴復氏則已轉化成另一語意脈絡了。

所經營出來的氣氛卻與穆勒的脈絡氣氛迥然不同。

穆勒氏在這裡所强調的是「我們可以也必須假定自己是正確的」，所爲的是「指導自己的行爲」。我們祇是對於自己意見的正確性採取「正確性」的假定，並不是斷然的視其爲「正確」；因此我們自然亦能容許不同的意見，認爲不同的意見仍有其正確的可能。即使是所謂的「壞人傳播（我們認爲）錯誤和有害的意見」，我們仍不可直接的禁止，我們應容許他們這麼做，但要勇於投入言說的辯論及爭議之中。

嚴復的譯文所强調的是「吾之心求其正，吾之意求其誠」、「心正意誠則吾之好惡是非，固視聽言動之程準也」。視聽言動的程準在於好惡是非，在於心正意誠，而這爲的是「闢邪說」、「距詖行」、「使不至於惑世誣民而亂天下」。這裡嚴復所强調的「心正、意誠」是《大學》中的說法，而「闢邪說、距詖行」則出自《孟子》，他是通過一種倫理性或道德性的修養與實踐來保住所謂視聽言動的程準。儘管嚴復最後仍然强調「初何嘗以無對不諍而莫與易自居也哉」（譯成白話是「起初何嘗自認爲是絕對正確而不須爭辯而不會有所改變的」），這似乎與穆勒原旨並無不同，但事實上整個語義脈絡看來是大有出入的。嚴復之强調「初何嘗以無對不諍而莫與易自居也哉」這是一個補充性的、修飾性的說明，與穆勒原文之强調其爲一種「假定其爲正確性」是正面的、結構性的說明，迥然異趣。而且，穆勒所强調的是知識性真理朗現之如何可能，嚴復所强調的則是倫理性（道德性）真理朗現之如何可能。

值得我們進一步去區分的是，並不是嚴復的翻譯錯了，而是他的翻譯所使用的工具——

文言文的傳統義蘊太深厚了，而且其營造出來的語脈氣氛一直被傳統之義蘊所束縛著，因此穆勒的本義也被轉化成另一個意義世界中的東西[22]。如此一來，我們便能輕易的理解嚴復何以會將穆勒的「On Liberty」的第三章「of Individuality，as One of the Elements of Well－being」譯成「釋行己自繇（由）明特操爲民德之本」。筆者將順此繼續展開穆勒的論點，並與嚴復的譯述作對比性的釐清。

四、個性即「自由之場」

如上節所述，穆勒强調應該在自由開放的狀態下形成意見，並且毫無保留的發表意見去造成一個徹底的言說系統（a radical tradition of discourse），相對於此，穆勒雖一方面主張在行動及實踐方面與發表意見有所分別，他强調「個人自由必須有一個限制，就是任何人都不可以使自己妨害別人」，但他更强調在這基點上一個人應該儘量發揮他的個性（individu-

[22] 事實上，任何語言脈絡所蘊釀出來的意義氣氛是相對的，而不是絕對的。設使文言文式的西洋名著翻譯數量增加到一個相當的數量，很可能原來被扭曲轉化的西洋原文之義涵便能扳回劣勢，終而轉化了中國古典文言文的義蘊氣氛。於此，我們可發現兩個不同的義蘊系統經由翻譯而夾雜一處時，彼此的關係如同拔河一樣。清末民初以來，中國的語言問題一直是一個極爲繁雜而麻煩的問題。白話文與文言文間的賡續性（Continuity）並未處理得好，各種鼓吹使得兩者之間反而出現了嚴重的斷裂（discontinuity）。由於「斷裂」使得中國語文的同一性（identity）受到嚴重的毀損與質疑，加上大量的西方語文的沖擊，使得這種情形益形嚴重。語文的同一性受到了毀損，思考的能力因而處在瓦解的邊緣中掙扎，中國人的人格同一性亦受到無與倫比的撼動與挑戰。

ality）。因爲個性的自由發展乃是幸福最主要的因素之一，這個因素不但與文明（civilization）、訓言（instruction）、教育（education）及文化（culture）這些名詞並立，而且是它們的基礎，一旦失去了個性，則以上所指一切將皆不可能㉓。

穆勒摘引德國學者 Wilhelm Von Humbolt（1767－1835）所著《政府的權力範圍與責任》（The Sphere and Duties of Government）一書有關言論作爲其論述鋪展的起點，他說：

> 「人的目的，或者受理性永久或不變的命令規定，不是由模糊和一時的慾望所提示的目的，是讓他的力量有最高與最調和的發展，成爲一個完美與堅實的整體；因此每個人必須不斷努力，特別是那些想要影響別人的人必須經常注意的目標，就是求得有力與特出的個性；而在這方面還有兩個必要的條件，自由與情況的變化，以及從這兩者的協和中，產生出個人的活力與多種的分歧，合並而爲創造的力量。」㉔

在穆勒摘引及論述過中，我們發現他似乎已將 Wilhelm Von Humbolt 的論點從强調「自由意志」的德國傳統轉化成注重「社會自由」的英國傳統。將原先著重的基礎論式的思維方式

㉓ 參見 EWM 頁三〇四－三〇五。

㉔ 參見 EWM 頁三〇六。

轉化成經驗現象的描述。他認爲當一個人長成之後，他將以他自己的方式去解釋經驗並運用之，這是任何一個人所持有的特權及應有的態度。人不可以陷入傳統及習慣之中而不自知，而應當有自己的個性，依此而去作選擇。惟有在作選擇的時候，人類知覺、判斷、辨別、心智活動、以及精神偏好的能力才得真實而具體的運用。如果衹依習慣或傳統去做，則無法養成個人內在特有天賦所含的氣質[25]。

穆勒所强調的是一個具體而實存的人所含的生命力（vitality），他所謂的個性是根源於此的。因此，他强調慾望（desires）及衝動（impulses）正和信仰（beliefs）和克制（restraints）一樣，同是一個完備的人的一部份。人們之所以有惡劣的行爲，並不是因爲慾望太强，而是因爲他們的良心太弱。脆弱的良心與强烈的慾望並沒有什麼自然的聯繫，倒是這些强烈的自然感情、衝動慾望乃是產生酷愛美德與嚴格自制之源[26]。

很明顯的，天理、人欲二分的格局與穆勒的論點是迥不相侔的，他將這二者打成一片就其具體而實存的現象而去描述它。衝動、慾望與信仰、克制看起來似乎截然不同，穆勒憑什麼將兩者渾合爲一來看待呢？依他看來「隨著每個人個性的發展，他將更重視自己，也會更爲別人所重視，他的生命將更爲充實，而在各份子有了更多的生氣時，他們所組成的集團也

[25] 參見 EWM 頁三〇六－三〇七

[26] 參見 EWM 頁三〇八－三〇九。

就有了更多的生氣」「個性就是發展，衹有培養個性才會產生而且才能產生良好發展的人類」㉗。在穆勒的眼中看來，一個真正注重個性的人才是一個如其自己、具體而實存的人，這樣的人是有理性、有情感、有欲望、有衝動、有信仰、有克制的人。惟如此，真理才能具體而實存的開顯，因爲真理不是絕對永遠不變的超越對象，真理是相對的隨變動不居的歷史而開展的，是在諸多言說論辯的過程中開顯的。人們須得保持自由的空氣、好讓天才們有所生息，綻放出他的創造力，以新的方法去開顯真理，並推進另一波的前進。

在行文過程中，穆勒用了很長的篇幅去批評基督教，尤其是喀爾文教派，他以爲這種摧殘個性的方式不論以任何方式出之，其實就是專制。衹要是專制就會阻礙歷史的進步及真理的開顯，妨害到社會的功利。他一直强調個人的重要性，他以爲「所有聰明或高貴事物的創始都來自於個人，而且必然來自個人；通常在最初也是來自一個人。普通人所能分享的榮譽就是追隨那種創始；在內心中能夠適應聰明和高貴的事情，和把眼睛睜開來接受它們」㉘。或許我們會說，穆勒簡直强調英雄崇拜。其實不然，他認爲贊成有天才的强有力者去統治世界，依其命令行事，而不顧及別人的意願，這是不值得鼓勵的，而且該受疵議的。他强調的衹不過是這些强有力的天才有其爲人指出途徑的自由而已。至於人們是否接受其意見則是另一回事，接受與否是自由的選擇並不是强制的命令。換言之，即使我們要說穆勒有强調英雄

㉗ EWM 參見頁三一一－三一三。
㉘ 參見 EWM 頁三一四－三一五。

的傾向，那也必須補充說這種英雄是言論上的英雄、是個人的英雄，絕不是統治上的英雄。依他看來，每一個人如其自己的個性都是英雄。

穆勒極爲痛恨由於庸衆的意見而形成一專制的力量，使人難有翻身的餘地，他强調的說「在這個時代中，單是做一個不服從的例子，單是拒絕向習慣屈膝，它本身就是一種貢獻」。他發現社會的力量增大到相當的程度，它努力要每個人順從它所認可的標準，而這樣的標準，無論是表明或默認的，就是對事不存强烈的希求。它用一種壓縮的方法殘害人性那些顯得特出的部份，讓大家都有同樣平凡的人格。如此一來，社會控制其所產生的不是由有力理智指導的偉大能力和由衷心意志嚴格控制的强烈感情，它產生的是脆弱的感情和能力，在外表上順從規定，而內在無任何意志或理智的力量㉙。

的確，社會控制若集於一人之手或少數貴族之手，可能大家還會很清楚的感受到其控制可能帶來的嚴重後果，因此起而與之抗爭，但如果社會控制是落在多數的庸衆之手，而且與習慣及傳統密合無間，它將在潛移默化中毀損了個性、坍塌了真正的創造力，使得整個社會停滯不前。

對於個性（individuality）的强調，以爲這是社會幸福的一個不可或缺的要素，這是穆勒《自由論》中最爲重要的主題之一。換言之，穆勒所强調的自由是關連著一個具有個性的人而說的自由，這是全副生命力所展現的自由。自由並不是一種理念而已，自由是一活生生

㉙ 參見 EWM 頁三一七－三一八。

的現實。

相較於洛克（J. Locke）所論，彼所謂的自由實基於理性而說的，彼認爲人之爲人處在自然狀態（state of natuer）依據自然的理性而有其行動之自由，並據此而締結一政治社會㉚。洛克所謂的自由是在一律則下的自由，是依於理性的自由，此不同於穆勒所强調之自由是一個性的自由，是依於生命力所展現之實存的自由。

相較於盧梭（J. J. Rousseau）所論，彼所謂的自由有兩個層次，一是自然狀態的自由，一是社會狀態的自由。前者是消極性的自由，是指毫不受拘束下的自由，是渾沌未開的自由，這「自由」祇呈現出一種對比性的意義，並不是參與社會締造下的自由。後者是積極性的自由，是指人經由契約關係進入社會狀態下的自由，這樣的自由是以整個社會之共同意志（general will）爲依歸的自由，若有人不符合此共同意志，則必當受此共同意志之驅迫而符合之，如此才真是自由㉛。盧梭雖然一再的强調共同意志不是全體（多數）的意志（will of all），但卻難免因其是一基礎論式的思維方式，使得這個抽象的概念容易爲人篡竊而通向了極權之門，或許這不是盧梭始料所及。盧梭所呼喚的是「人生而自由，但卻無處不在枷鎖之中」，這與穆勒的感受似乎並無二致。但由於穆勒所考慮的是社會習慣及傳統帶來的無

㉚ 參見林安梧〈從自然狀態到政治社會的締造：對洛克政治哲學兩個基礎性問題之詮 釋與理解〉，台北，《思與言》，一九八七年九月。

㉛ 參見林安梧〈從「自然狀態」到「社會狀態」：以「自由」一概念爲核心對盧梭社會哲學的基礎性理解〉，一九九〇年一二月，《鵝湖學誌》第五期，頁九七－一二三。

所不至之控制；從而著力於社會與個人兩者之間的張力（tension）作一對比性的分析。盧梭則著重在社會締建之理據如何可能的問題上立說，他通過自然狀態與社會狀態的對比區分來論述做爲一個人的人性成長歷程。無疑的，穆勒的《自由論》充滿著一種悲觀的氣質，一直擔心社會權力對於個人的宰制；相反地，盧梭在《社會契約論》中卻隱含著一股樂觀的氣質，以爲真正的社會所依據的普遍意志（general will）使人成爲一個人，一個具有積極性自由的人。盧梭强調的是社會的整體（social totality），而穆勒則强調社會構成的個體。

以嚴復此章的譯題來看，他所謂的「釋行己自繇（由）以明特操爲民德之本」，這裡的「特操」二字與穆勒原文的"Individuality"實有不同。Individuality 今多譯作「個性」，「個性」指的是一個活生生的人他自己的性格、想法、情感、理想、欲望、意志、趣味、性好等等之總和，而「特操」往往指的是那種耿介不群、特立孤行、難能可貴、孤兀高傲的知識分子之特別而迥異於常人的節操來說的。如嚴復譯文所謂：

> 「嗜欲感情乃民之所受於天而各具者，而又爲其天性之見端，爲之道學焉，爲之自修焉，而其人之特操斯顯，使其嗜欲感情深摯過人矣，而又有其甚強之志以帥之，斯其人爲剛者而有耿介之風，此眞所謂特操者也。」[32]

---

[32] 參見「群己權界論」，嚴譯本，頁七一。

換言之，穆勒所强調的是一個具有個性的個人，而嚴復所强調的則著重於秀異知識分子，即中國傳統所謂之「君子」，而君子或秀異分子是不同於個人的。嚴復之譯爲「特操」這强調的正是君子及秀異分子的人格性（Personality），不像穆勒所强調的是個性（individuality）。

原先穆勒原文說的是「個性乃是社會幸福的一個要素」（of Individuality，as One of the Elements of Well－being），嚴復則譯作「釋行己自繇明特操爲民德之本」。“Well－being”指的是社會的幸福或富强，而嚴復譯作「民德」，這顯然的將穆勒功利主義（utilitarianism）的立場轉成儒學教化的立場。原來强調的是一個要素（one of the Elements），而嚴復則譯作「……之本」，無疑的，他將穆勒原來的經驗的現象描述方式轉化成基礎論式的思維方式。

我們若將「特操爲民德之本」合著來看，這分明可像極了「君子之德風、小人之德草，草上之風必偃」這樣的「風行草偃」之教化傳統。祇不過嚴復氏筆下的秀異分子及君子不再如宋明儒所强調的「存天理、去人欲」，而是「天理人欲，同情而並行」罷了㉝。

如上所述，可見與其將之理解成「特操爲民德之本」，毋寧再將穆勒所謂的「個性乃是

㉝「天理、人欲」的問題是中國儒學傳統的核心問題，依筆者所知當可有三大類型：一是强調「存天理、去人欲」的天理人性論者；二是强調「理欲合一」的歷史人性論者；三是强調「天欲、人理」的自然人性論者。一可以程朱爲典型，二可以王夫之爲典型，三可以康有爲作典型。若以「理欲」的範疇論之，嚴復當然不會是天理人性論者，他接近於自然人性論者及歷史人性論者。

社會幸福的一個要素」關連到《自由論》的首要主題——「自由」來作一拓深，而歸結的說「個性乃是自由開顯之場」。

五、社會權限與自由原則之釐清

「個性乃是自由開顯之場」，一個喪失了個性的社會便無所謂的「自由」可言。穆勒似乎對於社會極有戒心，他一直憂心於龐大的社會力量所可能造成的宰制。這顯然不同於盧梭在《社會契約論》中的論點，盧梭是以一個理想的社會力來說明個人的自由。

穆勒將社會與個人做了嚴格的區分，他似乎對於個人與社會之間的關係有一極爲高度的緊張。但這並不是說穆勒認爲個人與社會是截然二分的，或者是可明確區分的。在其論述過程中，我們可以發現個人和社會與其說是類型或範疇上的區分，毋寧說是程度上的區分。或者說，是由於程度上的區分造成了類型或範疇上的區分。

穆勒一方面說「凡主要關涉在個人的那部份生活應當屬於個性，凡主要關涉在社會的那部份生活應當屬於社會」，另一方面又說「我充分的承認，一個人所做的對於自己的禍害，會通過其親近的人們的交感作用或利害關係而嚴重地影響到他們，也會在較小的程度上一般地影響到社會。當一個人由於這種行爲而背棄了他對一個或多數他人的明確而可指定的義務時，這情事就被劃在只關己身的那一類情事之外，而應當在道德的不諒面前接受質問」[34]。個人道德與社會道德是有所區分的，但除了傷害到社會，否則個人道德是受到絕對的尊重與保護的，即使社會道德所爲的也是對於個人的保護。穆勒舉例說：「沒有一個人應當單爲喝醉了酒而受懲罰；但是一個士兵或一名警察則應當因爲在執行任務時喝醉了酒而受懲罰。總之，事情一到對於個人或公衆有了確定的損害，或者有了確定的損害之虞的時候，它就被提在自由的範圍之外，而被放進道德或法律範圍之內了」[35]。就一個人的行爲本身是不能分辨其該受獎懲與否的，一定得將此行爲關連到社會其他的人才有所謂的善惡獎懲。當然任何一個人的行爲直接或間接的涉及於社會其他的人，因此任何一個人的行爲便涉及於善惡。但這樣的說法似太著重於社會，事實上個人仍可有其私下的範疇，不必爲社會這個範疇所吞沒。當一個人的行動可以有限的封住在一個極小的範圍，而且極爲間接的影響到其他極少數的人，依穆勒看來，這便是私下的、屬於個性的這個範疇。

如上所述，可以推知，穆勒的倫理學乃是注重效驗與結果的，不是注重動機及意志的。效驗與結果之注重，强調的是個人與社會之間的網絡關係，惟有就其網絡關係才能真正衡量出所謂的效驗與結果。動機與意志之注重，强調的是人之所以爲人的「本質」，並且將個人與社會視爲同質的來處理。很明顯的，前者强調保住個性，才有社會；保住私德，才有公

[34] 參見 EWM 頁三二二－三二七。
[35] 參見 EWM 頁三二九。

德；後者則強調個人是社會的個人，私德與公德都祇是道德，就其爲道德而言，實則爲一。就方法論的角度而言，無疑的，前者（穆勒）所體現的是一種「方法學上的個體主義」（methodological individualism），而後者所體現的則是「方法學上的整體主義」（methodological holism）〔或稱之爲「方法學上的本質主義」（methodological essentialism）〕[36]。

從整個論述過程中，我們發現穆勒所擔心的問題重點，與其說是來自政治方面的宰制，毋寧說是來自社會面的宰制。政治與社會是兩個不同的範疇，但關係極爲密切。政治的宰制是有形而且較易覺察出來的，社會的宰制則如水銀瀉地無孔不入，而且不易覺察出來。舉例來說，政治宰制是肉體之害，而社會宰制則是靈魂之蝕。爲了免於靈魂之蝕，便祇有保持天生自然的個性（individuality）才得保有生機活力。社會具有生機活力，具有辯論、交談、言說的空間等於是有了一個良好的苗床，才能培育出一個健康的文化，如此才能長成一個好的政治。

穆勒用了兩條格言來總括《自由論》的主題，他說：「第一，個人的行動祇要不涉及自身以外什麼人的利害，個人就不必向社會負責交代。他人若爲著自己的好處而認爲有必要時，可以對他忠告、指教、勸說以至遠而避之，這些就是社會要對他的行爲表示不喜或非難時所僅能採取的正當步驟。第二，關於對他人利益有害的行動，個人則應當負責交代，並且還應當承受或是社會的或是法律的懲罰，假如社會的意見認爲需要用這種或那種懲罰來保護

[36] 這裡所作的兩個區分是借用於 Karl popper『The Poverty of Historicism』一書的說法。

它自己的話。」[37]

這樣的兩條格言，一是積極的立說，另一則是消極的限制，但這兩者都彰顯出一個特質來——以自由爲尚，以個性爲上，以一種權力的限制來彰顯個性及自由，並以這樣的方式來培育一具有生機活力的社會。

就第一條格言所提及的，他人對於個人不涉及自身以外利害，僅能做的是：忠告、指教、勸說或者規避。這正說明穆勒所强調的是言說辯論的傳統，這裡他預取了一個理想溝通情境的可能。第二條格言所提及的則是規範性的能力，這樣的能力其所對的目的並不是社會，而仍是個人。

對於「自由」的極度推崇，卻有著一個極爲基本而重要的原則。穆勒說「自由原不能要求一個人有不要自由的自由。一個人被允許割讓他的自由，這不叫自由」[38]。人們的自由不能侵害到別人的自由，而且任何一個人不能割讓自己的自由。換言之，在現世的經驗基礎及生活世界中，自由是被天生命定的作爲人的本質，缺此則是人而非人，但擁有此則必須在醒覺之下開展其自己。這樣的自由，事實上是不斷的鍛鍊及無休止的奮鬥之自由，是在價值抉擇中實存的自由。

基於上段所述那個基本原則，穆勒對於教育是極爲重視的，因爲惟有教育才能使人的

[37] 參見 EWM 頁三四〇。

[38] 參見 EWM 頁三四八。

「自由」潛能真正發展出來，人的「個性」才能卓然挺立，如此的社會才會有活力，大家的「功利」（utility）才能真正的獲得。但是，穆勒祇强調要求每一個兒童都受到良好教育，但卻不必由國家去操心而包辦這個教育。因爲唯有歧異的教育才能使得人有真正具體而實存的「個性」。個性正是自由開顯之場，正是自由的動力，自由則是真理之所以可能受到質疑、批判及獲取信任、抉擇的動力。教育所爲的培養個性與自由，而教育之方式正是依據著自由與個性的原則而展開的。

即使是整個政府的設置亦得依據自由與個性的原則而展開。穆勒强調了三點，一是所要辦的事，若由個人來辦會比由政府來辦更好一些。因爲個人才是具體而實存的，有切身的利害感，故會行得好。二是即使個人所辦難和政府相比，但仍應由個人來辦較好，因爲如此才會加强人們的主動性，鍛鍊人們的判斷能力，養成人們對應問題的能力。使人們真正進入到社會之場中來開顯其自己，而達到交光互網、聯合一體的境地。三是如使政府的權力不必要的增加，會有很大的禍害。由於權力增加，形成宰制，如此則喪失了來自於個人那種具體而實存的動力，將會造成全族群社會進步的僵滯緩慢，甚至是退步。穆勒所强調的是權力儘量的分散，而儘可能的收集到更多的經驗與資訊，並儘其可能的散播出去，政府所能做的，其實祇是使自己成爲一個集中的保管者、資訊及經驗的中介而已[39]。換言之，政府的組織祇是一個虛的構組而已，他提供一個更良好、更理想的「場」而已，使得每個人都在這個「場」

㊴ 參見 EWM 頁三五四－三六〇。

中能展現其個性，而形成一「個性之場」並開顯其自由。真理便在這個場中開顯並向前邁進，人類亦在這個場中滋長蕃衍，日新又新。

在嚴復的譯述中，他似乎未將個人、社會、政府與國家等層級區分清楚。他所謂的小己、國群、國家與政府及國等概念層級之所以變得含混不清，甚至有通極爲一的傾向，這與其自身的傳統有密切的關連。依嚴復所熟悉的中國傳統，所謂的「士」是「以天下爲己任」、是「憂道不憂貧」的。士君子的小己之行是足當爲天下人所效法學習的，他們足堪爲廣土衆民之表率，是「風行草偃」的典型。儘管嚴復是順著穆勒的思想強調「其民之自繇」，但是其民之自繇並不如穆勒所强調的便是具有個性之具體而實存的自由。嚴復說：

> 「……然則善爲國者不惟不忌其民之自繇也，乃輔翼勸相，求其民之克享其自繇。已乃積其民小己之自繇以爲其國全體之自繇，此其國權之尊，所以無上也。」[40]

以上所引乃嚴氏所譯〈群己權界論〉之結語。於穆勒原文中並無此段，此是嚴氏所加之附語，從此可見彼思想之始源與穆勒並不相合，甚至隱含著南轅北轍的可能。穆勒所强調個人之自由，爲的是在這自由之場，使們的知識進步，真理開顯，而獲取社會之利益（功利）；他並無嚴復所述「以爲其國全體之自由」。依嚴復的說法「小己」爲的是「其國全體」，而

[40] 參見嚴譯〈群己權界論〉，頁一三四。

且「國權之尊」是「無上」的，這那裡是穆勒原文的意義呢！揆諸嚴復所處世代，我們當然可以清楚的了解到嚴復想到的「自由」當然是「其國全體之自由」，亦唯如此才能在列強侵略吞併之下穩住自家腳根。換言之，《自由論》的核心思想在嚴復筆下乃是作爲民族（國家）自立自強的工具罷了㊶。

六、結語：解除宰制與邁向自由

對穆勒的《自由論》作了如上的論略與爬梳，並比配的檢討了嚴復〈群己權界論〉的譯文。我們可發現穆勒所論的「自由」固然有承於契約論的傳統，亦有承於功利主義的傳統，但他卻不似這兩個傳統中的思想家，大體是以一種基礎論的思維方式來考量問題；他緊扣著現實所感知的生活世界來思想，他採取的是一種經驗的、現象的描述方式來考量問題。正因如此，他的論述雖極爲具體真實，但不免繁冗；精彩的是他從繁冗的敘述之中，越上了概念通則的層次，使人們覺得他所得的概念通則是具體感知的現象經驗，絕不是立基於一些絕對預設之上而成立的空談。我們之所以這麼說，並不是說穆勒的思想無所謂的「絕對預設」，而是說他是通過經驗的現象的描述方式來豁顯所謂的「絕對預設」。

㊶ 關於嚴復所譯〈群己權界論〉與 J. S. Mill 的"On Liberty"，B. Schwartze 史華哲所著「嚴復」（沈文隆譯，長河文庫）頗有所論，但其論述之方式比較是歷史的，與筆者這裡所重之爲哲學的並不相同。

顯然地，穆勒所謂的「自由」不是所謂的「意志自由」這個與「決定論」相對的東西，而是在社會這個「場」中人人所得依其自己抉擇而行的「自由」。這樣的自由不衹是一個理念，而是具體感知的實存，穆勒稱此爲「個性」（Individuality），而「個性」正是社會幸福（或人類福祉）的要素之一。

自由乃是權力的限制，乃是個性的伸張。權力帶來一種制式的社會，或許被以爲是理性的，但卻可能是毫無生氣的。個性之强調則著重於每個人的生命力（vitality），惟其讓每個人的生命力儘其可能的開顯其自己，才可能有所謂的創造力，也才可能有真正的真理。「社會」是與「政府」相對的，而且是培育「政府」之「場」，「政府」衹不過是個中介的、虛擬（非實體的）的機構罷了。不怕政府瓦解，所怕的是社會癱瘓；政府瓦解隨時可以再造，社會癱瘓則可能永劫難復。社會之癱瘓不一定是一人之專制所造成的，它很可能是多數人囿於既有的習慣及風俗而造成一種無孔不入的專制，導致全身麻痺，乃至衰頽死亡。

「個人」與「社會」是相對的，而且「個人」乃是社會之所以爲社會的動力之源。沒有個人即無社會，個人是以其心向「自由」的動力而形成社會的。所謂的「自由」乃是個性的伸張與開展而已，是人們處在活生生的世界中的抉擇；是一種以「個人的生命力」爲動源的狀態，因而構成的一個「開放之場」。《自由論》中，穆勒對於「個人生命力」（個性）這個動源賦予極高的崇敬，他相信惟有如此才能有一個自由的開放之場；亦惟有强調一個自由的開放之場，才可能讓每一個具有個性的人如其個人生命力的開展其自己。

認定個性乃是自由開顯之場，並不是强調個性是絕無差錯與限制的；相反的，正因强調個性所可能帶來的差錯與限制而說這是個自由開顯之場。正因如此，穆勒極爲重視去締造一個更適切更良好的真理開顯之場，這便是言說辯論傳統的建立。如彼所說，我們對於任何的思想所表出的言說都不可以非言說的暴力方式去阻止，祇能通過言說辯論的競爭，讓真理能得開顯。自由之爲真理亦是在這樣的自由開放之場中開顯其自己的。

至於嚴復所譯〈群己權界論〉，筆者從文言文的「言說性格」作了一番審視，並論及兩個語言傳統（文化傳統）轉譯過程中所可能的「拔河現象」[42]，並勾勒出了嚴氏深受自己傳統經典的限制，而將「個人」理解成通極於「大我」的「小己」，將「社會」理解成通極於「國家」的「國族」，將「個人自由」視爲通極於「國權之尊」的工具。

筆者在繁瑣的比對過程中，回想著中國從東漢、魏晉時期對於佛經翻譯的「格義現象」，一直到六家七宗的建立，乃至南北朝、隋唐，終而締建了中國自己的佛教——如天台宗、華嚴宗及禪宗，這是一個多麼艱辛而長遠的歷程。嚴復囿於時代及文字工具的限制，致使理解或有偏差，其實與其說是偏差、毋寧將之視爲經典傳譯的正常現象。所可惜的是，我們並沒有好好的去再加以釐清這些資源，讓它成爲整個族群文化意識結構的一部份。

再回想中國（尤其指的是切身所及的臺灣）當代的政治、社會與文化諸種現象，相應於穆勒之所論，我們可以說大家所注意到的幾乎祇是「政治」這個面向而已，以爲政治宰制的解除一切就不成問題了，實則更嚴重的是一種所謂的「社會宰制」。當然「社會宰制」多半

---

[42] 請參見[18]及[22]二條。

可能由於政治宰制所造成，或所衍伸出來的，但問題是一旦成了「社會宰制」它已形成了一種無孔不入之毒素，瀰漫周身，難得清淨，即使撤除了政治宰制，這些毒素依然奴役或宰制著這個社會。

須知，政治之瘡並不可怕，社會之癌才可怕。臺灣當前所面臨的不祇是政治之瘡，更令人擔憂的是社會之癌。這當然極須要「鈷六十」（以喻「眾多的靈魂之眼」）的照射，好讓社會在一鬆動的土壤中，重新獲得休養生息，形就一個自由開放，而且進步的「場」，使得在這場上每一個人展現其個性所發之創造力，參與言說的辯證，讓自由的真理切實而具體的開顯。

第八章 「抽象的感性」下的變革論者

——以康有爲爲例的精神現象學式的哲學解析

提要

康有爲常被視爲激進者，但同時又被視爲保守者，筆者以爲與其僵固的去分判其爲保守與激進，毋寧對他採取一個「精神現象學式」的哲學解析。

首先筆者指出康有爲「氣先理後」的主張將「氣」視爲存有的第一性，這正與其「自然人性論」的主張相應。這種「抽象的感性」的思維方式造成了傳統的「僞形化」，於是產生了「傳統的自我吞噬與瓦解」。他的《新學僞經考》、《孔子改制考》、《大同書》等造成了僞形化，完成了「抽象的感性」這樣的階段。如此下的康有爲雖是一「改革論者」，卻造成了不可思議的革命後果。他那「公羊三世說」的歷史哲學，骨子裡是以「抽象的感性」作爲改革的心源動力，這使人從「僵固的結構」中解放出來，成爲一散開的獨立體，而誤認爲那「感性的自由」可以邁向「世界大同」。

顯然的，康有爲將原先「去惡爲善」的倫理學命題轉變爲「去苦求樂」的實踐命題，衝決網羅的「抽象感性」，期待一「無父、無君」的世界大同。最後，筆者將指出經由「意識的經驗發展」與「意識型態」的理解，可見康有爲的理想是抽象而空洞的，它只是一種盼望與嚮往，卻無落實的可能。

一、方法的入路及概括的理解

大體說來，關於思想的歷史之研究可別爲三，一是學術史、一是哲學史、一是思想史。學術史的疏清足以使我們了解事實的實際狀況，但這樣的瞭解仍然只是現象的瞭解而已。哲學史則較偏重於關於存有、知識、實踐等論題之體系性理解。思想史的釐清則有別於以上二者，思想史之釐清亦有多層次的區分；或就其思想觀念的演變而論之，此是就其現象之聯結而說，或就其心靈意識之遷移而論之，此是就其精神發展之脈絡而說。或有以前者爲「思想史」之目言之，或有以後者爲「精神史」之目言之。筆者以爲此思想史之兩面，相輔而相成，不可或缺也。此兩面，前者著重的是一史學的工夫，以其學術史脈絡爲基礎，更而論略其變遷；而後者著重的是一哲學的功夫，以其思想史之脈絡爲基礎，更而論略其內在的精神底蘊。

去探究事物存在關聯的精神底蘊，所爲的是去彰顯存有之自身，並因之而對於存有所彰顯之意識型態給出一恰當的釐清。這樣的釐清，一方面是疏理了生命精神之脈絡，更重要的是也可能去除了實踐路上的荆棘。更爲有趣而值得注意的是，去釐清某段歷史的內在精神底蘊時，並無法直接與所謂的歷史事實相接，而是與所謂的「歷史事實」之「論述」相接；正因如此，我們必得對於這樣的論述道先開啓一來自精神深處的照明活動，才可能讓歷史開顯其自己。問題的難點在於須有此精神之天日，你才知如何的去撥雲霧，但另方面則又須有此撥雲霧之行，才能見精神之天日。這裡隱含了一詮釋與批判的循環在，這現象亦預示了只有相信人們的精神底蘊是與歷史存在相關聯，甚至是合而爲一的，思想史之所以可能在此，其有意義亦在此。

筆者之所以不憚其繁指出這點，正是想要說明，即如康有爲這麼富爭議性的人物，亦不是可以人各一說，或人各爲說，而是此中自有個定準在。這定準自須要經由我以上所說的深層的內在底蘊之探索，始能爲功的。

康有爲，名祖詒，號長素，廣東南海人，生於清咸豐八年，卒於民國十六年（西元一八五八——一九二七年）。這位中國近代史上極具紛爭性質的人物，他到底是保守，還是激進，衆說紛紜，莫衷一是。其實，令人感興趣的，與其說是去分判他到底是保守的或是激進的，毋寧說是對於這種衆說紛紜、莫衷一是的現象去加以理解及詮釋。換言之，筆者以爲康有爲之難以論定爲保守或激進，這不但不是急著要去解決的問題，倒是康有爲之具有保守與激進的雙重成分，它們的關係是如何，這是一更值得我們解決，而且是迫切的問題。

其實，一再的去爭議他到底是保守或激進，這本身便顯示方法上的限制，筆者以爲如果能夠真正視到歷史社會總體的話，更不會祇停留在表象上的爭辯，而會以一種「因而通之，以造乎其道」的方式從精神意識之發展的角度去理解掌握，或許便可以免去這些爭議。❶筆者在這裡想嘗試使用「精神現象學式」的哲學解析的方法，對康有爲作出分析。關於這方法是如何展開的，筆者並不擬先以後設的方式展開論說，而希望通過具體的例子，逐漸的豁顯這是一個什麼樣的方法。最後，在結論才稍帶出這裡所謂的精神現象學式的方法是一個什麼樣的方法。換言之，筆者此文所關心的仍然是康有爲的問題，不是方法論的問題。❷

就整個大環境而言，康有爲所處已是整個中國帝皇專制的末期，滿清在列强的欺凌之下，逐步的退卻，希求有一新的變革之可能；但是那老舊而陳腐的專制官僚系統，卻仍以死拖活拉的方式，進行著其帝國的維繫。中國古帝國之維繫，與其說是靠什麼偉大的變法，毋寧說是靠自然的氣運之轉換，一個帝國衰亡了，另一個朝代興起了，體制依舊，但自然的氣運卻有了轉變，就這樣，開起了一段昇平的日子。朝代的興衰，似乎也是極爲自然的，大家

❶ 此「因而通之，以造乎其道」的手法，實有取於王船山的史論方式，請參見本書〈王船山的歷史詮釋學〉一章。

❷ 學問的研究本無一固定的方法，方法和對象有其互動的關連，故本文雖明標是著重「精神現象學式」的解析，但並不是說有一固定東西叫作精神現象學的方法，就用這樣的方法來分解康有爲的思想；而只是說是側重在對於康有爲思想的精神現象，將他與整個歷史社會總體關連爲一體，來加以分析。

便常將這種情形委之天命，在一種觀望和盼望中過日子。❸不過，歷史也真對中國人的觀望和盼望有所關愛，總是讓中國人無所失望，没有落空。這問題的關鍵點，乃在於中國可以說從來没有亡天下，頂多只有亡國。即使宋之亡於元、明之亡於清，異族入主中國，起先很多士大夫以爲這是亡天下，不只是亡國；但經過一兩代，大家發現這仍只是亡國，而不是亡天下。❹中國的世代統系，無一斷絕，這是大家所共同認可的。中國可以說一直没有所謂的「認同危機」（The crisis of self－identity），直到清末，遭受到一波又一波的外族侵襲，認同危機才逐漸的顯現出來。

關連著這樣的認同危機，筆者想說，康有爲之不同於同治時期的改革派人物的作爲，他不停留在魏源「師夷長技以制夷」的思維方式❺，也不限於張之洞「中學爲體，西學爲用」

---

❸ 就如《三國演義》一開始就說「話說天下大勢，分久必合，合久必分。」這裡所說的「必」，其實就隱含自然氣運的意思。中國民族與其說是極爲强調實踐的必然性，毋寧說他是著重自然氣運的變遷。中國人所謂的「實踐的必然性」與「自然氣運的變遷」是密切相關的。

❹ 依顧炎武所言「有亡國，有亡天下，……易姓改號，謂之亡國，仁義充塞，而至于率獸食人，人將相食，謂之亡天下。」明之亡於清，是亡於異族，一般咸以爲此是亡天下，而不只是亡國，但以滿清接受漢化的程度而言，經由一、兩個世代，大家亦以爲此是亡國非亡天下也。

❺ 魏源於《海國圖誌》提出「師夷長技以制夷」的論點，他已能正視到「西洋器械借風力、水力、火力，無非竭耳目心思之力」，此乃「奇技而非淫巧」。這是中國近代與西方接觸的一個轉捩點。

的思維方式之中。❻他面對這亙古未曾有的變局，焦思苦索，伴隨著他個人所受的傳統教養，與求新求變的恢宏志氣，加上其旺盛的學習能力，博覽群籍，不分東西，融於一爐而冶之。當然，他的理論不免麤疏，但是卻有極大的躍進與突破。這躍進給中國近代帶來了非常的破壞，也預含了非常的建設之可能，筆者以爲他是整個中國近代史上一個轉捩點的人物。他的性格是極爲複雜而繁亂的，傳統與現代交結一處，保守與激進攪成一團，天上人間，神魔交侵，康有爲自己內在就是一個極艱困的爭鬥場；當然，這不只是康有爲自家的問題，它是整個中國現代的問題。加上，他並不習於像他的弟子梁啓超一樣「不惜以今日之我難昔日之我」❼，康有爲是一個習於將自己置於理想世界中的人，他在變化紛仍的世代之中，「以超越而抽象的理想與現實妥協」，由於他對那超越而抽象的理想並無具體而確切的認識，對於現實的世界，他又停留在片面而散開的理解，因此，最後落得進退失據，錯誤百出，這仍可隱約的看到，他骨子裡仍然淌流著中國傳統所强調的「冀求自然氣運」的觀望與盼望，明

---

❻ 張之洞在《勸學篇》提出「中學爲體，西學爲用」的論點，他以爲「三綱爲中國神聖相傳之聖教，禮政之原本。」就時代而言，張氏所提乃針對康梁之變法而說，後來他的論點除遭到梁啓超的批評，更遭到嚴復嚴厲的批評。嚴復强調一個國家的「政治學術」是不可分的完整統一體，故「有牛之體則有負重之用，有馬之體則有致遠之用，未聞以牛爲體，以馬爲用者也」。此可見張之洞的「體」强調的是「倫理的形上之體」，而嚴復所說的「體」則强調一「實務的組織之體」，各有不同。

❼ 梁啓超謂「……其保守性與進取性常交戰於胸中，隨感情而發，所執往往前後矛盾。」（見氏著《清代學術概論》，頁八八，台灣商務印書館印行，民國五十七年七月，臺二版。）這裡所提的情形可以說是當時許多知識分子的共同情況，不過康有爲的調適方式與梁啓超不同。

顯的，就此而言，他的主體能動性仍然是不足的。

康有爲具有極大的綜攝及融合能力，他雜揉古今，通貫中西，但儘管如此，我們在他那繁複的、龐雜的體系中，仍可以尋得一定的脈絡。大體說來，他所說的古是一抽象而理想化的古，古是一個空的殼子，它可以作爲康有爲變法思想的護符，或者說做爲康氏變法思想內容的鐔甕。這個鐔甕的形成與其學思歷程有密切的關係，現且先舉其犖犖大者，申述如下：康有爲於十九歲（一八七六年）那年從師於朱九江（次琦），復於二十二歲得識張延秋（鼎華），前者所教授的是古中國的聖賢之學，尤其偏於程朱的理學，但格外的注意及「氣」的問題，他最爲强調所謂的「四行五學」[8]，具有恢宏的濟世懷抱，這予康氏有莫大的影響；後者給予康氏整個清代變遷的知識，他因之而廣讀制度經世典籍，加上西學的刺激，他躍然欲動，想要一展身手。又由於他易感而深刻的思考，使得他爲人生的問題所困擾，因讀佛書，對於所謂的「萬法唯心」有深刻體認。[9]加上對於當時「聲、光、化、電、重」等西方學問的講求，他終於雜揉成以「元氣」爲核心的宇宙論體系，他强調以元爲本，以陰陽二氣爲用，宇宙之間各有不同的境界所構成，但又相連一處，並且人可以依著自然二氣之運，以元爲本，進至世界大同，使衆生走向極樂世界。康有爲則把自己認爲是在整個自然氣運的過

---

[8] 所謂的「四行」指的是「敦行孝悌、崇尚名節、變化氣質、檢攝威儀」，所謂的「五學」指的是「經學、文學、掌故之學、性理之學、詞章之學」。

[9] 清末的知識分子困於國族與自家的生命問題，頗有向佛法尋求解決者，康、梁、譚諸人皆然。佛法於彼而言，一方面可助其克服心靈意識的危機，另方面也給他們改革的動力。

程中，應運而生的聖人。

明顯的，康有為希望面對現實能展開政治的革新，而其革新則不只是帝國的苟延殘喘，他希望能夠達到世界大同。從政治的革新到世界大同是一個連續的歷程，常州學派的春秋公羊學加上廖平的發揚，使得康有為的理論得到一完整的架構。他寫的《孔子改制考》、《新學偽經考》、《春秋董氏學》乃至以後的《大同書》，其實都建立在對於春秋改制的理解，而構造出來的理論。我們或許可以說「他繼承了戴震以來『自然人性論』的理路，及常州學派的春秋公羊學，並且吸收了天演論及近代西方民主的思潮，而構作了自己的理論體系。這體系是以博愛為本懷，以自然為宗旨，以進化為途徑，以大同為目標」。[10]

二、「氣先理後」的自然人性論與「傳統的偽形化」

如前所說，康有為所繼承的是自戴震以來的「自然人性論」的傳統，這傳統不同於王夫之的「歷史人性論」，亦不同於程朱的「超越的道德理性論」，亦不同於陸王的「內在的道德心性論」。[11]他強調的不是一超越的天理，也不是內在的道德本心，也不是整個歷史社會總體下，「未成可成，已成可革」的歷史的人性，他著重的是「血氣心知」的自然人性，這

[10] 見本書第一篇《近現代哲學之思想義涵及其啓蒙曙光》，頁三三。

[11] 見前揭書文，頁三三。

樣的人性雖亦著重了人是「有血有肉的具體存在」，但無疑的，他並未找到真正的確定性，亦未尋得開展的歷史性，它其實是抽象而掛空的人性理解，或者我們可以說它停留在抽象的感性層次的人性主張。相應於這樣抽象人性的主張，康氏有關社會實踐的問題，便形成了「空想的社會實踐者」。當然，這並不意味康有為沒有展開具體的實踐活動，而是說即如戊戌變法、乃至後來的保皇運動，在骨子裡，仍是此「空想的社會實踐理想」之為動力所落實而成的。康氏之不易理解，在於他一方面極重視具體落實，而另方面卻又抽象而空洞，此即筆者所謂的仍停留在「抽象的感性」的層次之謂也。⑫

康有為以為「朱子以理在氣前，其說非」，「凡物皆始於氣，既有氣，然後有理，生人生物者，氣也。」（《萬木草堂口說》），他反對朱子理先氣後的說法，而代之以「氣先理後」的論點，他似乎有意擺脫形式性的僵固，而特別注意到存在的具體性。其實，從戴震批評程朱「以理殺人」起，就顯示出原先程朱所强調的「超越形式之理」已形瓦解，而這瓦解

---

⑫ 蕭公權先生從心理史的角度來説明康有為何以成為一空想的社會實踐者。他以為康有為「由於深受一八八九年以來發生的政治變遷刺激以及熱切救國的企圖一再遭受挫折，……他從混亂的人世之注意，轉移向一個超越的世界，這世界甚至更高遠，更外於『大同』世界。實際上，他現在停止做一個社會的或是烏托邦式的思想家（Utopian thinker），而扮演一個「無在世界」（Outopia）——一個人類所在的，不受道德價值或社會關係和樂無憂的、完全解脫塵世牽掛的理想世界（Never－neverland）——的先知角色。……以 Lewis Mumford 的術語説：它不是指出『重建的烏托邦』（Utopia of reconstruction），而是『逃避的烏托邦』（Utopia of escape）。」（見氏著《理想與現實——康有為的社會思想》，《近代中國思想人物論——社會主義》，頁四三，時報出版公司，民國六十九年六月，台北）筆者一方面頗贊成蕭氏的講法，不過想越出心理史的觀點來論略它，而是希望由一精神現象學式的解析。

又是伴隨著整個專制的官僚系統瓦解的。戴震之時當乾隆，滿清鼎盛末期，已然如此，更何況在鴉片戰爭、太平天國之亂後，專制皇朝、官僚系統更是搖搖欲墜，大勢所趨，超越的形式之理伴隨著日益僵化的專制官僚系統愈益崩頹，代之而起的當然是氣先理後的論調。

「氣先理後」的存有論主張將「氣」視爲存有的第一性，這正與其自然人性論的主張相應。他將儒家一切道德所奠立的基礎——「仁」或「怵惕惻隱」，或者我們所以爲的「不忍人之心」解釋成氣與氣之間的「吸攝之力」。他所謂「有覺知則有吸攝之力，磁石猶然，何況於人，不忍者，吸攝之力也」（《大同書》），再者，他還附會當時的一些物理學的常識，他說「不忍人之心，仁也，電也，以太也」（同上）；明顯的，這樣的不忍人的仁心並不是來自什麼先驗的道德性，而是天生的自然的本性，這比起戴震「血氣心知」的理論更爲徹底。戴震可以說是「主智主義者」，但康有爲則是「主意主義者」，而且這裡所謂的「意」是「自然的」、「氣性的」意志，而不是「道德的」、「理性的」意志。

換言之，同是孔子所謂的「仁」、或是孟子所說的「怵惕惻隱」，它可以解作道德的、理性的意志這樣的發動力，他亦可以解作自然的、氣性的意志這樣的發動力。將心的功能著重在所謂的「知」上，這個「知」字亦隨著彼此存有論系統及心性論系統的不同，而可以有許多不同的解釋。陽明之「知」是「良知之知」、是「本體的實踐之知」這樣的知，是「知是知非」的知；而朱子則爲「格物窮理」的知，是「本體的認知」這樣的知⓭；而於戴震則爲「血氣心知」的知，這「知」比較起來是接近於生物學意義的知，這與康有爲的「吸攝覺知」之知有些類似，但相較而言，戴震的血氣心知之知，其知識的意味較爲濃厚，而康有爲的吸攝覺知之知，其知識的意味較淺，它偏向於相感相攝，而不在於認知之把握也。

作了以上的分析之後，我們可以較爲確切的理解康有爲所謂的「仁」、「博愛」等等是何意義，不至於有所錯謬的與宋明儒或者孔孟原始儒家的理解混同起來。⓮因爲像康有爲所謂的「蓋仁與知皆吾性之德」、「物我一體無彼此之界」、「物即己而己即物，天即人而人即天」這些話頭看起來與中國傳統的儒學並無不同，但骨子裡，其實是很大不同的。因爲康氏也說「凡我知之所及，即仁之所及」，而「仁」指的是彼此氣息的相互吸攝，而「知」指的是此吸攝式的覺知。如此看來，他所說的物我一體、天人合一自也和孔孟、程朱、陸王等皆有所不同。

康有爲之所以構作出這樣的自然人性論，除了相應於整個歷史社會總體的改變，另方

⓭ 關於陽明之爲「本體的實踐之知」與朱子爲「本體的認知之知」，請參見林安梧〈王陽明的本體實踐學——以「大學問」爲核心的展開〉，《陽明學術討論會論文集》，頁一〇六至一二〇，國立台灣師範大學人文教育研究中心出版，民國七十八年三月。

⓮ 即如梁啓超所著《康南海傳》所說「先生之哲學，博愛派哲學也。先生之論理，以仁字爲唯一之宗旨，以爲世界之所以立，衆生之所以出，家國之所以存，禮義之所以起，無一不本於仁，苟無愛力，則乾坤應時而滅矣。……故先生之論政論學，皆發于不忍人之心。」要是我們只就字面來讀，我們很容易誤會康有爲之學說就是儒學之正宗，但卻有大謬不然者。

面，則由於民族認同的危機。超越的形式性原則與道德本心在整個歷史社會總體逐漸衰頹之下，由於逐漸喪失其對比的張力，因而不得好自彰顯；再者，民族的認同危機更使得他憂心焦急，原來生命所要求的「精神自由」遂而不顯，其所忙迫的祇是生命的自我保存及認同危機的克服。由於如此，精神自由通不上去，轉而要求生命的自我保存，相對的有關心性論的主張必然會由「道、理、性、心」等層次滑落而陷溺於「才、氣、情、欲」的層次，康有爲對於人性的理解之落於所謂的「自然人性論」所指即此。⓯關連著認同危機的克服，康有爲爲了要完就這個艱苦的任務，他所採取的是從傳統中擷取資源，加以創造與轉化，但我們發現他的方式使得傳統成爲空殼架構，因而我們可以說康有爲雖然强調要從傳統中汲取資源，但他實際上則與所謂的傳統產生了嚴重的斷裂（discontinuity）。由於與傳統發生了嚴重的斷裂，便使得他所謂的傳統荒腔走調，關於人性論的問題，當然接不上中國傳統的心性論；順著時代的潮流，在《天演論》的龐大攻勢之下，信以爲真的從庸俗的進化論中採擭論點，構作藍圖，當然免不了是既抽象又空洞。

甚至，我們可以說康有爲抽象而空洞的理想，將傳統以一種僞形（Pseudo morphosis）的

⓯ 如這裡所說的，由「道、理、性、心」等層次滑落而陷溺於「才、氣、情、欲」的層次，這可見筆者以爲道、理、性、心、才、氣、情、欲等雖彼此有層級的劃分，但卻是辯證的關連成一個整體。筆者所謂「精神現象學式的解析」乃是關連此諸不同層級的辯證總體之昇降，而作出的分析。

方式徹底掏空了，他不但未對中國傳統有何新的建樹，反而是無與倫比的破壞。[16]這裡，我們發現了一個極爲重要的弔詭，傳統的護守者竟成了傳統最强而有力的瓦解者。不錯，當一個傳統產生了嚴重的自我異化時，他不但沒辦法自我調節，反而會產生自我吞噬的情形；康有爲於中國近代思想史上的意義，正是筆者這裡所謂的「自我吞噬者」。[17]就此「自我吞噬者」而言，我們與其說康有爲是傳統的維護者，毋寧說他是傳統的瓦解者；與其說他是傳統的接續者，毋寧說他是傳統的斷裂者。

三、傳統僞形化、自我吞噬及改革論者的革命後果

上節我們大體關連著整個思想史的脈絡，指出了康有爲的思想是如何的從中國傳統的接續過程中，形成一種斷裂；在一個什麼樣的情形之下，他從傳統的維護者的角色異化成傳統的瓦解者的角色，他如何的成爲一個傳統的自我吞噬者。就內聖一面來講，在心性論上，康有爲以其「吸攝覺知」近乎生物學的立場，雜揉西方的電學、化學、物理等等而構成一「抽

---

[16] 「僞形」(Psuedo morphosis)原是一個礦物學上的概念，它指的是在岩層中，本已嵌入的礦物結晶體，當裂縫出現時，水流了進來，而結晶體逐漸洗去，而只剩下一空殼。之後，又有火山爆發，融岩又流了進來，但這些融岩沒法自由地在此結晶，而必須將就原有的空殼，故而出現了扭曲的形態。

[17] 王汎森《激烈的「託古改制」論對古代信史造成的破壞——以廖平、康有爲爲例》(一九八六年三月十四日、十五日，清華大學「中國思想史上的經世傳統」討論會宣讀論文)，於廖平、康有爲等「本意尊經，而至毀經」，將六經符號化，因而推翻了古代的信史，頗有論述。由此可見筆者所謂的「自我吞噬者」所指爲何。

象的感性之知」的立場。這樣子一來，他便跨過了戴東原「血氣心知」的立場，更而瓦解了陸王的「良知之知」，也瓦解了程朱的「窮理格物」之知。明顯的，這樣一步的轉出，使得中國心性論看起來有一新的格局，其實卻因而吞沒了中國原來的心性論。相應而言，就外王一面，在政治哲學的理解與構作上，康有爲亦匠心獨運，他一方面繼承著今文經學的傳統，但更重要的是他更進一步創造了《新學僞經考》與《孔子改制考》二書。現請先述前者，再述後者。

《新學僞經考》旨在闡明東漢以來的經學都是劉歆爲了要佐王莽篡漢而攙入所形成的僞書，它已面目全非，盡失孔子微言大義。他以爲西漢經學本無所謂今文古文之分，全是今文，凡是古文皆是劉歆所僞造。秦始皇焚書並未厄及六經，漢朝十四博士所傳當爲孔門足本，並無殘缺遺漏。明顯的，康有爲寫作《新學僞經考》的目的是打倒古文經，定今文經於一尊；而更爲明顯的效果，我們可以發現他導致整個中國傳統經學權威的動搖。更值得注意的是，這個中國傳統經學權威的動搖與整個中國傳統的帝皇專制權威的動搖是同步的。

在變法維新上，我們發現康有爲極力的要將傳統的帝皇專制權威「虛化」，而成爲一形式上的權威，但囿於時代的限制，我們發現他其實並未能有一真正的「君主立憲」、或「虛君共和」的想法，他仍然只是「君民合治」、「聖君賢相」的想法。[18]在關於中國經學的傳

---

[18] 馮友蘭〈戊戌變法的組織者和領導者——康有爲〉一文即主此說，見氏著《中國哲學史新編》第六冊，頁一〇八—一〇九，人民出版社印行，一九八九年，北京。

統，他除了要一掃所謂的「僞書」，他還想通過《孔子改制考》來樹立一新的權威，這樣的權威之被樹立，其實是寡頭的樹立，他沒有歷史的賡續性，而只有懸空的、抽象的理想性；不過他卻又將此懸空的、抽象的理想性視爲真實的，是具體而實存的，這麼一來便落入我所謂的「抽象的感性」的層次之中。

抽象的感性是散開而空洞，不得具現理想的一種狀態。這樣的狀態，不但沒有辦法達到「具體的普遍」，即如「抽象的普遍」亦不能達到，它停留在散開的直覺所感的情境裡。像康有爲雖有諸多理想，但因其心境仍處於此「抽象的感性」，故其理想只是此抽象之感性所發之直覺的空想而已。儘管他談了許多歷史，涉及於時間的演變，其實，他並不是真有時間意識的，因爲在「抽象的感性」的形態下，他所說的時間演變，其實不是落實下來的演變，而只是空想之演變而已。但儘管如此，我們仍可以說，康有爲這種「抽象的感性」式的改革，落實於那個時代卻有不可輕忽的摧破力量。因爲抽象的感性雖無締造的能力，但卻有摧毀的力量。由於精神之體原先的「自由」之要求，在當時的歷史社會總體之下，不得恰切的發展，理性的形式性原則已然崩頹，遂流爲感性的材質性原則做主。感性的材質性原則之不同於理性的形式性原則，在於理性的形式性原則具有一規範性的作用，而感性的材質性原則則無規範性的作用，而只有受容性的作用，因而在外力性的侵略之下，像是滲入岩層中的水一樣，逐漸腐蝕掏空了原先的傳統內容，傳統變成只是一空的殼子，造成了一種文化上的

「僞形」。[19]康有爲的《新學僞經考》可以說是使得整個傳統掏空，是文化傳統「僞形化」的前階段；至於《孔子改制考》則是在此掏空的傳統之空殼，賦予注入新的內容之可能；到了《大同書》才算將此僞形化的傳統以奇特的方式完成了它；「抽象的感性」的整個階段於焉完成。

這裡，我們看到個極有趣的弔詭，在動機上，康有爲明顯的是「改革論」者，但他卻造成了一不可思議的「革命論」者的效果。當康有爲戊戌變法失敗之後，流亡海外組織「保皇黨」，與以孫逸仙爲首的「革命黨」發生多次論戰，兩者立場似成水火，但其實是同一個對立面的兩端而已。保皇黨可歸之於「抽象的感性」之下來理解，相對而言，革命黨則可歸之於「抽象的理性」來理解。前者雖名爲改革，但實具有不可見的瓦解力量納存其中，其力不下於革命論者之所爲；然而，這樣的抽象之感性狀態畢竟只有瓦解力，而無締造力，它隨著滿清的覆亡而覆亡。筆者以爲康有爲雖與革命黨爲敵，但革命黨之成功，康有爲陰助之也。蓋天假其改革，而成孫文之革命歟！？天人之際，危矣微矣！不見其深者，不知其機之妙也。

---

[19] 同[16]，又請參見史賓格勒（Oswald Spengler 1880－1936）著"The Decline of the West"《西方的沒落》，陳曉林中譯，頁三五三－三八九，華新出版公司，中華民國六十四年十月，台北。

四、「公羊三世」的歷史哲學與「抽象的感性」下的心源動力

如上所說，就心靈意識的發展史，把康有爲定位在所謂的「抽象的感性」這個階段。這一方面，可以說明康有爲雖然注意到了歷史的變化，但我們要說他所瞭解的變化仍只是散開的變化，而不是具有賡續性的變化，而且他將這種變化以一種「公羊春秋」的方式，提高爲抽象理式，我個人以爲康氏的歷史哲學仍然只是「抽象的感性」下所對應的歷史哲學。筆者以爲康有爲關於「公羊三世」的進化觀宜置於此來理解，其大同世界的嚮往亦宜置於此來理解，方爲得當。

筆者所謂的「抽象的感性」乃是一散開而分列的方式，他尚不能統籌而歸本於一，他儘管看到了「變動」，但他所看到的仍然是散開而具體的變動，他不能真從此具體之變動有所提挈，而化爲具體之普遍，故亦不能真正瞭解其辯證的發展。像康氏在《康子內外篇》所論及的形上學（或存有論）的問題，便可以清楚的發現這個情形。他說：

「于無極，無無極之始，有濕熱之氣生，鬱蒸而爲天，諸天皆此濕熱之氣展轉而相生焉！近天得濕熱之氣，乃生諸日，日得濕熱之氣，乃生諸地，地得濕熱之氣，蒸鬱而草木生焉，而禽獸生焉，已而人類生焉。人得濕熱之氣，上養其腦，下養其心，濕則仁愛生，熱則智勇出。積仁愛智勇，而有宮室飲食衣服以養其身；積仁愛智勇，而有禮樂政

教倫理以成其治。」（〈濕熱篇〉）

如前述所引，可見康氏所言之無極或所謂的無無極，是通過具體感性所及之濕熱來論列，並且將此關連到倫理道德的實踐等等，這是停留於「抽象的感性」的最典型論法。這裡我們分明可以發現他已將「氣」這個「對比於心、物兩端而成的辯證性概念」，滑轉蛻落爲感性所及之物。[20]氣固爲感性所觸及之物，即如仁義禮智等等亦是落於此感性所觸及之物，從此我們當可以清楚的瞭解爲何康有爲一反宋明儒之强調「存天理去人欲」，反而認爲「欲」就其自然來說是好的，因而他有「天欲」之論。在這「抽象的感性」之下，康有爲的確具有嚴重的摧破力量，他也看到了所謂的變動。他說：

> 「蓋變者，天道也。天不能有晝而無夜，有寒而無暑，天以善變而能久。火山流金，滄海成田，歷陽成湖，地以善變而能久。人自童幼而壯老，形體顏色氣貌，無一不變，無刻不變。」（〈進呈俄羅斯大彼得變政記序〉）

很顯然的，他所看到的變動，仍然是此「抽象的感性」所對之變動，而沒有以「辯證的

---

[20] 關於「氣」爲「對比於心物兩端而成的辯證性概念」，請參見林安梧《王船山人性史哲學之研究》一書，第五章「人性史哲學的核心論題」，頁一〇一，東大圖書公司，民國七十六年九月，台北。

理性」真正視到歷史的變遷。當然，他很容易的以原來就有的「公羊春秋」的傳統爲奧援，冀求其爲改革的心源動力。他說：

「三世爲孔子非常大義，託之春秋以明之，所傳聞世託據亂，所聞世託升平，所見世託太平。據亂者，文敎未明也；升平者，漸有文敎，小康也；太平者，大同之世，……文敎全備也。……此爲春秋第一義也。」（《春秋董氏學》）

「春秋始於文王，終於堯舜，蓋據亂之治爲文王，太平之治爲堯舜，孔子之聖意改制之大義，此公羊所傳，微言之第一義也。」（《孔子改制考》）

公羊三世之說的傳統是一個極爲複雜而有趣的傳統，它可以視之爲在帝皇體制下，一封閉而專制的、靜態而僵固的現實的世界觀，同一個對立面之兩端的另一端，這樣的一端是作爲改革的一個最重要的心源動力。但值得我們去注意的是，這樣的一個心源動力，它只是永恒的召喚，從來就没有真正的落實過。隨著世代的演變，在列强的侵擾、瓜分的危機下，中國面臨有始以來未曾有的變局，當然嚴重的自我認同危機一直悚動著，甚至整個中國族群的存有論基礎皆已受到嚴重的撼動；在這樣的情況下，套上了中國傳統的「公羊三世說」，在「抽象的感性」的作用之下，自然極易使得偉大的理想異化成奇異的空想與幻想。康有爲之爲偉大者以此，其爲奇特者以此，其爲怪異者亦以此。康氏說：

「孔子生當據亂之世，今者大地既通，歐美大變，蓋進至升平之世矣。異日大地大小遠近如一，國土既盡，種類不分，風化齊同，則如一而太平矣。孔子已預知之。」（〈論語注〉）

康氏在「公羊春秋」的預言下，忽略了國族存在的自我認同危機，他以爲現下的世界已進至所謂的「升平世」，而且不久的將來即會進至「太平世」[21]。在這裡，我們明顯的可以看到康氏以其「抽象的感性」瓦解了整個僵固的結構，但也以一無可救藥的樂觀態度，去看待這個未來的可能世界。因爲當「抽象的感性」瓦解了僵固的結構，使得人們從統體中解放出來，成爲一個散開的獨立體，這便極易使得人以爲這就是真正的自由，就這感性的自由馬上就會聯想到所謂的「大同理想」。

五、「去惡爲善」、「去苦求樂」及「無父、無君」、「世界大同」

相應於「抽象的感性」下的心靈狀態，康有爲對於人性的看法即如前所說的是「自然人性論」的立場，他對於大同的主張亦由是而來。他說：

---

[21] 到底康氏自己所處的世代是「據亂世」、「昇平世」或是「太平世」，頗難確定，有時康氏認爲已進至昇平世、有時則認爲還在據亂世，不過就康有爲的思想看起來，他是冀求太平世之可能的，殆無疑義。

「人稟陰陽之氣而生也。能食味、別聲、被色，質爲之也。于其質宜者則愛之，于其質不宜者則惡之，兒之于乳已然也。見火則樂，暗則不樂，兒之目已然也。故人之生也，唯有愛惡而已。」（〈內外篇、愛惡篇〉）

「人性之自然，食色也，是無待于學也；人情之自然，喜怒哀樂無節也，是不待學也。」（〈內外篇、性學篇〉）

如上所引述，可清楚的發現康有爲是就自然之氣去論人性，是將人性落在感性的層次來立言。他更清楚的指出「人生而有欲，天之性也哉！」（《大同書》甲部第五章），這麼一來，對於宋明理學所强調的「存天理，去人欲」便有了一個徹底的大翻轉。他不再强調人性的形式性原則，而改爲强調人性的材質性原則。這是筆者前面所謂的「抽象的感性」之表現，這時他將所謂的「善惡」改而爲「苦樂」，原來的「去惡爲善」的倫理學命題也就一變而爲「去苦求樂」這樣的實踐命題。

《大同書》最爲重要的便是要破除九界、實現大同。他所謂的九界，指得是「一曰國界，分疆土、部落也；二曰級界，分貴、賤、清、濁也；三曰種界，分黃、白、棕、黑也；四曰形界，分男、女也；五曰家界，私父子夫婦兄弟之親也；六曰業界，士農工商之産也；六曰亂界，有不平不通不同不公之法也；八曰類界，有人與鳥獸蟲魚之別也；九曰苦界，以苦生苦，傳種無窮無盡，不可思議。」關連著這九界，他要「去國界，合大地；去級界，平民族；去種界，同人類；去形界，保獨立；去家界，爲天民；去産界，公生業；去亂界，治太平；去類界，愛衆生；去苦界，至極樂」。梁啓超整理其理論，可約爲十三條目云：

一、無國家，全世界置一總政府，分若干區域。
二、總政府及區政府皆由民選。
三、無家族，男女同棲不得逾一年，屆期須易人。
四、婦女有身者入胎教院，兒童出胎者入育嬰院。
五、兒童按年入蒙養院及各級學校。
六、成年後，由政府指派分任農工等生產事業。
七、病則入養病院，老則入養老院。
八、胎教、育嬰、蒙養、養病、養老諸院，爲各區最高之設備，入者得最高之享樂。
九、成年男女，例須以若干年服役於此諸院，若今世之兵役然。
十、設公共宿舍、公共食堂，有等差，各以其勞作所入自由享用。
十一、警惰爲最嚴之刑罰。
十二、學術上有新發明者，及在胎教等五院有特別勞績者，得殊獎。
十三、死則火葬，火葬場比鄰爲肥料工廠。」㉒

㉒ 見梁啓超《清代學術概論》，頁八二—八四。

就上所述這十三條看來，我們發現康氏意欲打破國家民族的限制，使得無列强的侵略；欲打破家族的限制，使得無家庭的宰制；欲破除私有財產，使得無財利之爭奪。他以一種類如譚嗣同「衝決網羅」的精神，打破種種彼僵我界，當然，人之爲一個人其個體也因之被解放出來，但是如康有爲的理想看來，這些個體是分散開來的，他們已然不是以前的具體的方式，而是以抽象的方式表現的；再者，他不是以理性的方式存在的，而是以感性的方式存在的。他即如筆者所作的分判，是停留在「抽象的感性」階段下，衝決網羅的結果。

如果順著孟子批評楊朱、墨翟爲「無君、無父」（毀壞政府、毀壞家庭），那我們將可一樣批評康有爲「無君、無父」，而且其程度比起楊墨還來得嚴重。㉓但我們卻又發現康有爲在實際行動上，並不是那麼的無君無父，他主張「虛君共和」、從事「保皇黨」的運動，甚至是復辟的支持者。在文化上，又是「孔教運動」的推動者，這在在表現的是「有君有父」的形態，那裡是無父無君呢！這頗值得我們進一步的分疏。

如梁啓超言，「有爲雖著此書，然秘不示人，亦從不以此義教學者，謂今方『據亂』之世，只能言小康，不能言大同；言則陷天下於洪水猛獸。……有爲始終謂當以小康義救今世，對於政治問題，對於社會道德問題，皆以維持舊狀爲職志，自發明一種新理想，自認爲

㉓ 錢賓四先生即引朱一新（鼎甫）之言，論斷康氏這樣的作法是「援儒入墨，用夷變夏」，見氏著《中國近三百年學術史》，下冊，頁六六〇，臺灣商務印書館印行，民國五十七年四月，台四版，台北。

至善至美，然不願其實現，且竭全力以抗之遏之，人類稟性之奇詭，度無以過是者。」[24]這似乎很能夠將康有爲的思想與其實踐的矛盾點出並予以化解。其實，問題的關鍵點並不是說康有爲自己抑遏了自己的理想，等著另一個時代的來臨；問題的關鍵點仍然在所謂「抽象的感性」上。拘限在這樣的思維方式裡，康有爲所謂的「三世之說」，其實只有期盼意味下的標籤，他對歷史並沒有恰當的理解。他想以最原始而質樸的感性動力摧破既有的一切格局；但理想歸理想，仍然未得落實，理想仍然只是抽象而掛空的理想。它仍然只是作爲一種盼望與嚮往而已；在這情形之下，康有爲他當然看不到革命的火花所產生的飛躍進步。在「抽象的感性」下，他見不到君主專制及孔教的核心問題，他已將他們轉成理想型態的安置，造成了嚴重的「文化的僞形狀態」，即使他再努力的大聲疾呼，仍只是更嚴重的掏空傳統，造成了更嚴重的瓦解而已。傳統之瓦解是逐步的，從此不難想見民國八年何以會有「五四」——徹底的反傳統運動的發生，此蓋時勢所使然也，不可挽矣！

六、結語：精神現象學方法運用之可能

作了上面的諸多分析，讀者或許有一個問題不明白，何以筆者在前面的標題上，特別要說這是一種「精神現象學式的分析」，這到底標出一個什麼樣的方法呢？這個方法是否有助

---

[24] 見梁啓超《清代學術概論》，頁八四。

於我們去發現歷史的意義？請略述之。

依筆者所使用的「精神現象學」的意義，一方面指得是「意識的經驗發展」，另方面則指的是「意識形態的理解」。[25]在精神之體所要求自由的情況下，它必然的要在時空中開顯爲諸不同的意識經驗，在不同的時期亦因之而有不同的意識形態。精神現象學式的理解與分析之不同於心理學式的理解，在於它不停在一個人的心理狀態及其可能的歷程去分析，它將整個歷史社會關連成一個總體，注意到存在的脈絡及整個生活世界，他將這個整體視爲精神自體的顯現及其發展，並從而取得了其批判的基準，展開其理解、詮釋與批判的整個過程。

如以本文的康有爲爲例，我們之所以特別要指出他是停留在所謂「抽象的感性」這個階段，這是因爲我們想要逼顯出康有爲及其同時代的變革論者都有些許相同的傾向：他們都富有極高的理想，而這樣的理想是空洞而抽象的，它們頂多只能作爲一種盼望與嚮往，但卻毫無落實的可能。不過這樣的理想它仍有一股摧破現實僵化的體制之能力，此即由於其中之「感性」之體所發出來的解體作用，這是值得注意，而不容忽視的。其實，筆者以爲這種

㉕ 見黑格爾《精神現象學》，賀自昭、王玖興中譯，《譯者導言》，頁一七—一六，里仁書局印行，民國七十三年七月，台北。

「精神現象學式」的解析，在方法上雖有取於黑格爾，但卻有不同於黑格爾者。[26]因爲筆者這裡並不以爲一個歷史的發展會如黑格爾所說的那麼齊整可期，而只是說我們可以通過「精神現象」的哲學解析，來深化我們對於歷史的理解。再者，筆者想要一提的是，這裡所說的「精神現象學式的解析」與其說是有取於黑格爾，毋寧說是有取於王船山，筆者以爲王船山的「人性史哲學」充滿著這樣的思維。他在《讀通鑑論》、《宋論》等著作中，充滿著這裡所謂的「精神現象學式」的哲學解析，他將人性與整個歷史社會總體關連爲一體，而豁顯此中的辯證性，點出人性乃是在此歷史社會總體中發展出來的。本文可以說是吸收了這樣的方法論，自覺的將康有爲與整個時代的脈絡關連爲一個總體，去點示出康有爲乃是停留於「抽象的感性」這個階段。指出這個階段在整個意識經驗的過程中、或在整個意識形態的諸多過程中，它只有一摧破的力量，而無建設的力量；尤其，筆者所想指出的是康有爲之所以有陷入矛盾、進退失據的諸情形，這正是停留在此「抽象的感性」階段所常發生的現象。

最後，筆者想要再度强調的是，精神現象學式的理解、詮釋與解析，這都只是個嘗試，它並不意味一套完整的存有論系統，再因之而導生的運用，它只是作爲一個方法的進路，俾便於人們對於其所詮釋的對象的理解而已。

---

[26] 就如 George Dennis O'Brein 於所著"Hegel on Reason and History-a Contemporary Interpretation"所說，若不將理性（Reason）一概念置於歷史的理解之活動，我們實無法談到要去理解歷史，而黑格爾所說的「理性」一詞，包含一組密切相關的概念，如自由、人格、自我意識、個體、具體的普遍等等。尤其人的自我意識更是所有人類之文化所產，絕不是某一自然的氣性而已。（見氏著，第七章「歷史的課題」，pp159－160，The University of Chicago Press，1975，Chicago and London）我個人以爲黑格爾的歷史哲學之所以可貴者在此，便取此爲一方法上的進路，而參照中國哲學之發展，尤其船山人性史的哲學，另闢一可能之蹊徑。

參考書目

壹、相關之典籍專著

一、王夫之專著部分

《船山全書》（計十六冊）（清）王船山撰，嶽麓書社出版，一九九〇年八月，湖南。

《王船山詩文集》（清）王船山撰，漢京出版社，一九八四年九月，台北。

《宋論》（清）王船山撰，里仁書局，一九七七年八月，臺一版，台北。

《尚書引義》《老子衍》《莊子通》（清）王船山撰，河洛出版社，一九七五年五月，臺影初版，台北。

《船山易學》（上、下）（清）王船山撰，廣文書局，一九七一年五月，台北。

《船山遺書全集》船山學會印行，一九七二年十一月重編出版，台北。

《梨洲船山五書》世界書局，一九七四年七月，台北。

《詩廣傳》（清）王船山撰，河洛出版社，一九七四年九月臺影初版，台北。

《張子正蒙注》（上、下）（清）王船山撰，世界書局，一九五九年九月初版，台北。
《讀四書大全説》（清）王船山撰，河洛出版社，一九七四年五月臺影初版，台北。
《讀通鑑論》（清）王船山撰，河洛出版社，一九七六年三月臺影初版，台北。

二、黃梨洲專著部分

《南雷文案》（附《外集》《吾悔集》《撰杖集》《詩曆》）（清）黃宗羲撰，商務印書館四部叢刊初編集部，一九六七年九月，台北。
《南雷文定》（清）黃宗羲撰，世界書局，一九六四年二月初版，台北。
《黃宗羲全集》（清）黃宗羲撰，里仁書局，一九八七年四月初版，台北。
《黃宗羲全集》（清）黃宗羲撰，浙江古籍，一九九三年十一月一版二刷，浙江。
《黃梨洲文集》陳乃乾編校，北京中華書局，一九五九年一月初版，北京。
《黃梨洲詩集》聞旭初編校，香港中華書局，一九七七年九月港重印本一版，香港。
《梨洲遺著彙刊》上海時中書局，一九一五年初版，上海。
《黃梨洲學譜》謝國楨撰，臺北商務人人文庫，一九七一年三月版，台北。
《黃梨洲先生年譜》黃炳垕撰，北京中華書局，一九九三年十二月一版一刷，北京。

三、戴震專著部分

《戴震集》（清）戴震撰，里仁書局，一九八〇年一月，台北。

《戴東原先生年譜》　張穆撰，文海出版社，一九七二年影印版，台北。

四、章學誠專著部分

《章學誠遺書》　（清）章學誠撰，北京文物出版社，一九八五年，北京。
《文史通義校注》（上、下）　（校讎通義合刊）（清）章學誠撰、葉瑛校注，里仁書局，一九八四年九月出版，台北。
《章實齋先生年譜》　胡適撰，姚名達訂補，遠流出版社，一九八六年七月一版，台北。

五、嚴復專著及譯作部分

《群己權界論》　穆勒著，嚴復譯，台灣商務印書館，一九七〇年臺三版，台北。
《天演論》　赫胥黎撰，嚴復譯，臺灣商務印書館，一九六二年臺一版，台北。
《民國嚴幾道先生年譜》　王蘧常撰，臺灣商務印書館，一九八一年初版，台北。
《穆勒名學》　穆勒撰，嚴復譯，臺灣商務印書館，一九六五年出版，台北。
《嚴復集》（民國）　嚴復撰，王栻編，北京中華書局，一九八六年出版，台北。

六、康有爲專著部分

《孟子微》《禮運注》《中庸注》　（清）康有爲撰，北京中華書局，一九八七年出版，北京。

《康子內外篇》（清）康有爲撰，北京中華書局，一九八八年出版，北京。

《康有爲全集》（清）康有爲撰，姜義華、吳根樑編校，上海古籍出版社，一九八七年初版，上海。

《康有爲文集》（清）康有爲撰，文海出版社，一九七二年出版，台北。

《康有爲詩文選》（清）康有爲撰，舒蕪、陳邇東、王利器編注，北京人民文學出版社，一九五八年出版，北京。

《康有爲政論集》（清）康有爲撰，湯志鈞編，北京中華書局，一九八一年出版，北京。

《康有爲物質理財救國論》康有爲撰，徐高阮輯註，全國出版社，一九七九年出版，台北。

《康南海政史文選》（清）康有爲撰，沈茂駿主編，廣東中山大學，一九八八年出版，台北。

《康有爲自編年譜》（清）康有爲撰，樓宇烈整理，北京中華書局，一九九二年初版，北京。

《康南海先生年譜（續編）》康文佩撰，文海出版社，一九七一年出版，台北。

七、其他相關之典籍專著

《四書章句集註》（宋）朱熹註，鵝湖出版社，一九八四年九月，台北。

《二程集》（宋）程顥、程頤撰，漢京出版社，一九八三年九月初版，台北。

《王陽明全集》（明）王守仁撰，河洛出版社，一九七八年五月出版，台北。
《王龍溪語錄》（明）王龍溪撰，廣文書局，一九八六年一月再版，台北。
《日知錄集釋》（清）顧亭林撰，世界書局，一九六三年一月出版，台北。
《朱文公文集》（宋）朱熹撰，商務印書館四部叢刊初編，一九六七年九月，台北。
《朱子語類》（宋）朱熹撰、黎靖德編，文津出版社，一九八六年十二月初版，台北。
《周子全書》（宋）周濂溪撰，臺北商務印書館，一九七八年出版，台北。
《亭林文集》（清）顧亭林撰，世界書局，一九六三年一月出版，台北。
《陳亮集》（宋）陳亮撰，漢京出版社，一九八三年十二月初版，台北。
《陳確集》（清）陳確撰，漢京出版社，一九八四年七月初版。
《張載集》（宋）張載撰，漢京出版社，一九八三年九月初版。
《陸九淵集》（宋）陸九淵撰，里仁書局，一九八一年一月初版。
《劉子全書及遺編》（上、下）（明）劉宗周撰，中文出版社，一九八一年六月，台北。
《鮚埼亭集》（上、下）（清）全祖望撰，華世出版社，一九七七年三月，台北。

貳、相關研究之專著與專文

一、綜論部分

《中國における近代思惟の挫折》　島田虔次，日本，筑摩書坊，昭和二十三年，日本。
《人性與自我修養》　杜維明撰，聯經圖書公司，一九九二年六月，台北。
《中國文化的發展歷程》（錢賓四先生學術文化講座）　許倬雲著，中文大學出版社印行，一九九二年月香港。
《中國宗教與西方神學》　秦家懿、孔漢思合撰，吳華主譯，聯經出版事業公司印行，民國七十八年七月初版，台北。
《中國近三百年學術史》　錢穆撰，臺灣商務印書館，一九六八年四月臺四版，台北。
《中國近三百年學術史》　梁啓超撰，華正書局，一九八九年八月初版，台北。
《中國學術思想變遷之大勢》　梁啓超撰，中華書局，一九七一年十月出版，台北。
《中國哲學十九講》　牟宗三撰，學生書局，一九九一年十二月初版四刷，台北。
《中國哲學史新編》　勞思光撰，三民書局，一九九〇年十二月六版，台北。
《中國哲學原論·原教篇》　唐君毅撰，學生書局，一九八四年二月全集校訂版，台北。
《中國文化之精神價值》　唐君毅撰，正中書局，一九九一年一月臺二版八印，台北。
《中國思想史論集》（續編）徐復觀撰，時報出版社，一九八二年三月初版，台北。
《中國學術思想史論叢》（七）（八）　錢穆撰，東大出版社，一九八〇年三月初版，台北。
《中國歷史轉型期的知識分子》　余英時等撰，聯經出版社，一九九二年九月初版，台北。

《中國思想史新編》（五）（六）　馮友蘭撰，北京人民出版社，一九九二年五月一版二刷，北京。

《中國思想通史》（五）　侯外廬撰，北京人民出版社，一九九二年九月一版五印，北京。

《中國哲學史》（四）　任繼愈撰，北京人民出版社，一九九四年一版四印，北京。

《中國思想史》　韋政通撰，水牛出版社，一九八九年七月八版，台北。

《中國哲學家與哲學專題》　王邦雄等撰，國立空中大學印行，一九八九年九月，台北。

《中國人的心靈——中國哲學與文化要義》　方東美等撰，聯經出版社，一九八七年一月三版，台北。

《中國思想傳統的現代詮釋》　余英時撰，聯經出版社，一九八七年八月初版二印，台北。

《中國文化新論——思想篇二：天道與人道》　黃俊傑編，聯經出版社，一九八三年四月初版二印，台北。

《中國古代中的氣論及身體觀》　楊儒賓主編，巨流圖書公司，一九九三年三月，台北。

〈中國傳統知識分子對歷史知識的態度——以顧炎武爲中心〉　古偉瀛撰，收入《史學評論》第十一期，一九八九年七月，台北。

《中國史學上之正統論》　饒宗頤，宗青圖書公司印行，一九七九年十月，台北。

《關於歷代正統問題之爭論》　趙令揚，台灣影印本，一九八四年，台北。

《莊子纂箋》　錢穆，三民書局，民國五十八年六月，台北。

《心體與性體》（一、二、三）　牟宗三撰，正中書局，一九九二年十一月初版九刷，台北。
《文化意識與道德理性》　唐君毅撰，學生書局，一九八六年四月全集校訂版，台北。
《文化與時間》　〔法〕路易·加迪等撰，鄭樂平、胡建平譯，淑馨出版社，一九九二年一月初版，台北。
《家族與社會：台灣和中國社會研究的基礎理念》　陳其南著，聯經出版事業公司印行，民國七十九年三月初版，台北。
《考古學專題六講》　張光直著，稻鄉出版社印行，民國七十七年九月初版，台北。
〈五十年來中國之新史學〉　周予同撰，收入《中國史學史論文選集三》杜維運、陳錦忠主編，華世出版社，一九八〇年三月初版，台北。
《台灣·中國——邁向世界史》　林安梧撰，唐山出版社，一九九二年八月初版，台北。
〈史家顧炎武〉　古偉瀛撰，收入中興歷史系主編《中西史學史研討會論文集》，文津出版社，一九八六年一月初版，台北。
《存有·意識與實踐》　林安梧撰，東大圖書公司，一九九三年初版，台北。
《朱子哲學思想的發展與完成》　劉述先撰，學生書局，一九八四年八月增訂再版，台北。
《朱子哲學研究》　陳來撰，文津出版社，一九九〇年十二月初版，台北。
《有無之間——王陽明哲學的精神》　陳來撰，北京人民出版社，一九九一年三月，北京。
《宋明理學史》（上、下）　侯外廬等編，北京人民出版社，一九八四年四月，北京。
《宋明理學》（上、下）　蔡仁厚撰，一九九一年九月一版六印，台北。

《心學的現代詮釋》　姜允明撰，東大圖書公司，一九八八年十二月初版，台北。

《孟學思想史論》　黃俊傑著，東大圖書公司，一九九一年十月初版，台北。

《孟子三辨之學的歷史省察與現代詮釋》　袁保新著，文津出版社，一九九二年二月，台北。

《晚明思潮》　龔鵬程著，里仁出版社，一九九四年十一月，台北。

《近代中國思想學說史》　侯外廬撰，生活書店影印本，一九八一年，台北。

《黃宗羲心學的定位》　劉述先撰，允晨出版社，一九八六年十月初版，台北。

《明清實學思想史》　陳鼓應、辛冠潔、葛榮晉主編，齊魯書社，一九八九年，山東。

《明心篇》　熊十力撰，學生書局，一九九〇年三月影印四版，台北。

《明末清初儒學之發展》　李紀祥撰，文津出版社，一九九二年六月初版，台北。

《明代思想史》　容肇祖撰，開明書店，一九七八年十月臺五版，台北。

《明代理學論文集》　古清美撰，大安出版社，一九九〇年五月一版一印，台北。

《晚明思想史論》　嵇文甫撰，商務印書館，一九四四年，上海。

《清代思想史綱》　譚丕模撰，開明書店，一九五〇年，台北。

《近代思想史論》　李澤厚撰，台灣谷風出版社，一九八七年，台北。

〈明末清初的經世致用之學〉　山井湧撰，盧瑞容譯，《史學評論》十二期，一九九〇年七月，台北。

《政道與治道》　牟宗三撰，廣文書局，一九七四年七月修訂版，台北。

《哲學論集》 唐君毅撰，學生書局，一九九〇年二月全集校訂版，台北。
《浙東學術史》 管敏義主編，華東師範出版社，一九九三年十二月一版一刷，上海。
《清代學術概論》 梁啓超撰，啓業書局，一九七三年十一月臺一版，台北。
《清代史學與史家》 杜維運撰，東大圖書出版公司，一九八四年八月初版，台北。
《清乾嘉時代的史學與史家》 杜維運撰，學生書局，一九八九年四月初版，台北。
《清初學術思辯錄》 陳祖武撰，中國社科出版社，一九九二年六月一版一印，北京。
《清初學術論文集》 詹海雲撰，文津出版社，一九九二年三月初版，台北。
〈清代學術思想史重要觀念通釋〉 余英時撰，收入氏著《中國思想傳統的現代詮釋》，聯經出版社，一九八九年二月再版，台北。
〈清代思想史的一個新解釋〉 余英時撰，收入《中國哲學思想論集·清代篇》，水牛出版社，一九八八年二月再版，台北。
〈清代史學之地位〉 杜維運撰，《史學評論》第六期，一九八四年七月，台北。
〈清代浙東史學〉 陳訓慈撰，收入杜維運、黃進興編《中國史學史論文選集二》，華世出版社，一九七九年十月，台北。
《「現代」與「後現代」之間》 陳榮灼撰，時報出版社，一九九二年四月一版一印，台北。
《從陸象山到劉蕺山》 牟宗三撰，學生書局，一九九〇年再版二刷，台北。
〈現代儒學的詮釋學暨思維方法論建立課題——從當代德法詮釋學爭論談起〉 傅偉勳撰，

發表於「第二屆當代新儒學國際會議」，一九九四年十二月，台北。

《陽明學學術討論會論文集》　國立臺灣師範大學人文教育研究中心，一九八九年三月初版，台北。

〈創造的詮釋學及其應用——中國哲學方法論建構試論之一〉　傅偉勳撰，收入氏著《從創造的詮釋到大乘佛學——「哲學與宗教四集」》，東大圖書公司，一九九〇年七月初版，台北。

《圓善論》　牟宗三撰，學生書局，一九八五年七月初版，台北。

《新唯識論》　熊十力撰，里仁出版社，一九九三年三月初版，台北。

〈象山心學義理規模下的「本體詮釋學」〉　林安梧撰，《鵝湖月刊》十三卷九期，一九八八年三月，台北。

《當代西方哲學與方法論》　臺大哲學系主編，東大圖書公司，一九八八年三月初版，台北。

《經學歷史》　皮錫瑞撰、周予同注，漢京出版社，一九八三年九月初版，台北。

〈經學與史學〉　錢穆撰，收入杜維運、黃進興編《中國史學史論文選集二》，華世出版社，一九七九年十月初版，台北。

〈試論司馬遷所說的「究天人之際」〉　阮芝生撰，《史學評論》第六期，一九八四年七月，台北。

〈嘉道史學——從考據到經世〉　陸寶千撰，收入杜維運、陳錦忠所編《中國史學史論文選集三》，華世出版社，一九八〇年三月初版，台北。
《論戴震與章學誠——清代中期學術思想史研究》 余英時撰，華世出版社，一九八〇年一月臺影二版，台北。
《論傳統》 愛德華·希爾斯撰，傅鏗、呂樂譯，桂冠圖書公司，一九九二年五月初版一印，台北。
〈論劉蕺山哲學中「善之意向性」〉 林安梧撰，《國立編譯館館刊》十九卷第一期，一九九〇年六月，台北。
〈論明末清初時期在思想史上的歷史意義〉 溝口雄三撰，《史學評論》十二期，一九九〇年七月，台北。
《歷史哲學》 牟宗三撰，學生書局，一九七四年十月三版，台北。
《歷史與思想》 余英時撰，聯經出版社，一九七六年九月初版，台北。
《中國歷史研究法》 梁啓超撰，里仁書局，一九八四年十月初版，台北。
《中國史學發微》 錢穆撰，東大圖書公司，一九八九年三月初版，台北。
《中國史學史論文選集二》 杜維運、黃進興編，華世出版社，一九七九年十月初版二刷，台北。
《中國史學史論文選集三》 杜維運、陳錦忠編，華世出版社，一九七九年十月初版二刷，台北。
〈比較史學與世界史學〉 杜維運撰，《史學評論》第一期，一九七八年七月，台北。

〈道德判斷與歷史研究〉 張哲郎撰，收入中興歷史系主編《中西史學史研討會論文集》，文津出版社，一九八六年一月初版，台北。
〈詮釋與歷史——對黑格爾歷史哲學方法論的理解與感想〉 林安梧撰，《鵝湖月刊》十一卷三期，一九八五年九月，台北。
《歷史與思考》 吳光明，聯經出版公司，一九九一年九月初版，台北。
《歷史知識與社會變遷》 胡昌智撰，聯經出版公司，一九九二年五月初版二印，台北。
《歷史學的思維》 周樑楷撰，正中書局，一九九三年四月初版，台北。
〈歷史概念與歷史方法——對於《史學評論》發刊詞的再思考〉 劉述先撰，《史學評論》第六期，一九八四年七月，台北。
〈關於《史學評論》發刊詞的幾點思考〉 成中英撰，《史學評論》第六期，一九八四年七月，台北。
《優入聖域：權力、信仰與正當性》 黃進興著，允晨出版社，一九九四年八月，台北。

二、王夫之研究之相關專著

《船山學譜》 王孝魚編，廣文書局，一九七五年四月，台北。
《船山學案》 侯外廬撰，岳麓書社，一九八二年，湖南。
《船山學譜與船山遺書提要》 船山學會印行，一九七三年，台北。
《王船山學譜》 張西堂撰，台灣商務印書館，一九七二年，台北。

《王船山學術論叢》 嵇文甫撰，台灣谷風出版社影印，一九八七年，台北。
《王船山哲學討論集》（上、下） 周調陽等著，湖北湖南社會科學聯合會編，一九六五年，湖南。
《王船山哲學》 曾昭旭撰，遠景圖書公司，一九八三年二月，台北。
《王船山人性史哲學之研究》 林安梧撰，東大圖書公司，一九九一年二月再版，台北。
《王船山易學思想闡微》 曾春海撰，輔大哲學研究所博士論文，一九七八年七月，台北。
《王船山的歷史學說》 許冠三撰，香港中文大學出版社，一九七八年，香港。
《王船山的致知論》 許冠三撰，香港中文大學出版社，一九八一年，香港。
《王船山之道器論》 戴景賢撰，廣學社印書館，一九八二年十二月初版，台北。
〈王船山賢能政治論〉 李貴豐撰，「明清之際中國文化的轉變及延續研討會」宣讀論文，一九九〇年五月，台北。
〈王船山「聖功」論述評〉 陳郁夫撰，「明清之際中國文化的轉變及延續研討會」宣讀論文，一九九〇年五月，台北。
《船山佛道思想研究》 吳立民、徐蓀銘撰，湖南出版社，一九九二年十月。
《王船山學術研討會論文集》 輔仁大學編，輔仁大學出版社印行，一九九三年十月，台北。

三、戴震研究之相關專著

《朱子與戴震思想之比較研究》　劉玉國撰，臺大中研所碩士論文，民國七十五年，台北。

《理學的演變：從朱熹到王夫之、戴震》　蒙培元撰，文津出版社，一九九〇年出版，台北。

《詩補傳與戴震解經方法》　岑溢成撰，文津出版社，一九九二年初版，台北。

《戴東原》　梁啓超撰，中華書局，一九七五年，台北。

《戴震》　張立文撰，東大圖書公司，一九九一年初版，台北。

《戴東原的哲學》　胡適撰，遠流出版社，一九八八年九月三版，台北。

《戴東原教育思想之研究》　張光甫撰，政大教研所碩士論文，民國五十六年，台北。

《戴東原與伊藤仁齋思想之比較研究》　村上義雄撰，臺大中研所碩士論文，民國六十八年，台北。

《戴東原性善之研究》　羅聖撰，臺大哲研所碩士論文，民國七十二年，台北。

《戴震哲學研究：由人道到政道》　黃陶秀撰，（九龍）能仁學院哲研所博士論文，民國八十三年，香港。

〈論「形而上」與「形而下」：兼論朱子與戴東原〉　何佑森撰，《臺大中文學報》一期，一九八五年十一月，台北。

〈戴東原、伊藤仁齋、丁茶山的孟學解釋—中日韓近世儒學史比較研究〉　黃俊傑撰，韓國學報》一期，一九八一年四月，韓國。
〈戴東原性理思想述評〉　王開府撰，《國文學報》十八期，一九八九年六月，台北。
〈戴東原哲學之評析〉　黃懿梅撰，《哲學論評》五期，一九八二年一月，台北。
〈論戴震之師承問題〉　陳勝長撰，《香港中文大學中國文化研究所學報》十九期，一九八八年，香港。
〈儒家思想的發展與戴震的善之哲學〉　成中英撰，《幼獅學誌》十八卷一期，一九八四年五月，台北。
〈戴震義理思想的基礎及其推展〉　張壽安撰，《漢學研究》十卷一期（總號十九），一九九二年六月，台北。

四、章學誠研究之相關專著

〈文學的歷史學與歷史學的文學：《文史通義》〉　龔鵬程撰，收入氏著《文化符號學》一書，學生書局，一九九二年八月初版，台北。
〈六十五年來之章學誠研究〉　黃兆强撰，收入《東吳文史學報》第六期，一九八八年一月，台北。
〈浙東史學及其系譜問題〉　李紀祥撰，收入氏著《明末清初儒學之發展》，文津出版社，一九九二年十二月初版，台北。
〈《校讎通義》道器說述評〉　胡楚生撰，收入《南洋大學學報》第七期，一九七六年十一月，台北。

〈章學誠「六經皆史」的義旨〉　蔣義斌撰，收入《華岡文科學報》第十六期，一九八八年五月，台北。

〈章學誠「六經皆史說」闡義〉　胡楚生撰，收入氏著《清代學術史研究》，學生書局，一九九三年三月初版，台北。

〈章實齋的史學〉　傅振倫撰，收入杜維運、黃進興編《中國史學史論文學集》（二），華世出版社，一九七九年十月，台北。

〈章學誠六經皆史說初探〉　周予同、湯止鈞撰，收入朱維錚編《周予同經學史論著選集》，上海人民出版社，一九八三年，上海。

〈章實齋在清代學術史上之定位〉　郭斌龢撰，收入《浙江大學文學院集刊》第一輯，一九四一年六月，台北。

《清章學誠六經皆史說研究》　林釗誠撰，高師國研所碩士論文，民國七十三年，高雄。

〈實齋六經皆史說探源補闕〉　錢鍾書撰，收入氏著《談藝錄》，臺北藍田出版社，一九九○年影印，台北。

《論戴震與章學誠》　余英時撰，華世出版社，一九八○年一月臺影印二版，台北。

〈章學誠文史校讎考論〉　余英時撰，《中央研究院歷史語言研究所集刊》六十四卷一期，一九九三年三月，台北。

〈章學誠的歷史哲學思想〉　羅光撰，《哲學與文化》九卷二期，一九八二年二月，台北。

〈章學誠「道」的歷史哲學初探〉　曾慶豹撰，《哲學與文化》十六卷十二期（總號一八七），一九八九年十二月，台北。
〈評余英時著＜論戴震與章學誠＞〉　河田悌一著、高明士譯，《史學評論》一期，一九七九年七月，台北。
〈評「論戴震與章學誠」（余英時撰）〉　勞榦撰，《香港中文大學中國文化研究所學報》十卷一期，一九七九年，台北。
〈章實齋與「歷史主義」〉　蘇世杰撰，《史學》十九期，一九九三年六月，台北。

五、嚴復研究之相關專著

《論嚴復與嚴譯名著》　北京商務印書館編輯部，北京商務印書館，一九八二年出版，北京。
《搖籃與墓地：嚴復的思想與道路》　陳越光、陳小雅編，臺北谷風出版社，一九八七年出版，台北。
《嚴復思想述評》　周振甫編，中華書局，一九六四年臺一版，台北。
《嚴復思想研究》　張志建撰，廣西師範大學出版社，一九八九年出版，廣西。
《嚴復：中國近代思想的啓蒙者》　林保淳撰，幼獅文化公司，一九八八年出版，台北。
《嚴復研究資料》　牛仰山、孫鴻寬撰，福州海峽文藝出版社，一九九〇年出版，台北。
《嚴復》　史華哲原著，沈文隆譯，臺南長河出版社，一九七七年初版，台南。

〈亞當史密斯與嚴復：國富論與中國〉　賴建誠撰，《漢學研究》七卷二期（總號一四），一九八九年十二月，台北。
〈評介王中江〈嚴復與福澤諭吉〉〉　王煜撰，《中國文哲研究通訊》二卷一期（總號五），一九九二年三月，台北。
〈嚴復所承受赫胥黎（T. Huxley, 一八二五——一八九五）的變的觀念：維新運動的原動力〉　黃康顯撰，《大陸雜誌》六十六卷六期，一九八三年六月，台北。
〈嚴復的終極關懷：新出土的嚴復〉　林載爵撰，《當代》三十七期，一九八九年五月，台北。
〈嚴復晚年之政論〉　沈雲龍撰，《傳記文學》三十九期，一九八一年七月，台北。
〈嚴復對自由的理解〉　林載爵撰，《東海大學歷史學報》五期，一九八二年十二月，台中。
〈嚴幾道「莊子評點」要義闡釋〉　胡楚生撰，《文史學報》二十一期，一九九一年三月，台中。
〈嚴復對約翰彌爾自由思想的認識——以嚴復《群己權界論》爲中心之分析〉　《中央研究院近代史研究所集刊》第廿四期上册，一九九五年六月，台北。

附：約翰穆勒《自由論》相關著述

《從亞當史密斯到穆勒：西方自由主義轉化之研究》　王賀白撰，輔大史研所碩士論文，民國八〇年，台北。

〈約翰穆勒〔John Stuart Mill〕的自由思想〉　何垂欣撰，《史學研究》八期，一九八八年八月，台北。

〈約翰穆勒的「自由論」〉　邱榮舉撰，《輔仁學誌——文學院之部》，十五期，一九八六年六月，台北。

〈約翰彌爾的自由論與盧梭的平等觀之研究〉　戴麗華撰，《法商學報》二十五期，一九九一年六月，台北。

〈穆勒的自由觀念之分析〉　朱堅章撰，國科會六十一年度補助論文，台北。

〈約翰彌爾〉　張明貴撰，東大圖書公司，一九八六年十二月，台北。

六、康有爲研究之相關專著

《改革與革命的中國情懷：康有爲與章太炎》　湯志鈞撰，香港商務印書館，一九九〇年初版，香港。

《康有爲思想研究》　蕭公權撰，汪榮祖譯，聯經出版公司，一九八八年初版，台北。

《康有爲思想研究》　鍾賢培主編，廣東高等教育出版社，一九八八年出版，廣東。

《康有爲與戊戌變法》　湯志鈞撰，北京中華書局，一九八四年初版，北京。

《康有爲、譚嗣同思想研究》　李澤厚撰，上海人民出版社，一九五八年初版，上海。

《儒學的危機與嬗變：康有爲與近代儒學》　房德鄰撰，文津出版社，一九九二年初版，台北。

〈改革家與理想家康有爲一八五八—一九二七〉 梁元生撰，《清華學報》十五卷一／二期，一九八三年十二月，台灣。

〈中國傳統的「時」觀與康有爲大同世界中的歷史進化觀〉 李三寶撰，《東海學報》三十三期，一九九二年六月，台中。

〈民國初年康有爲之孔教運動〉 陸寶千撰，《中央研究院近代史研究所集刊》十二期，一九八三年六月，台北。

〈康有爲的自然觀〉 林正珍撰，《興大歷史學報》三期，一九九三年四月，台中。

〈康有爲的歷史觀及其對時局與傳統的看法〉 羅久蓉撰，《中央研究院近代史研究所集刊》十四期，一九八五年六月，台北。

〈康有爲章炳麟合論〉 汪榮祖撰，《中央研究院近代史研究所集刊》十五期（上），一九八六年六月，台北。

〈康有爲與戊戌變法——答汪榮祖先生〉 黃彰健撰，《大陸雜誌》八十六卷三期，一九九三年三月，台北。

〈從儒釋耶的剖判會通論康有爲的文化觀〉 陳炯彰撰，《臺北師院學報》六期，一九九三年六月，台北。

〈清末民初佛學思想復興運動研究取樣：以康有爲譚嗣同及章太炎爲中心的探討〉 陳炯彰撰，《國立中山大學學報》四期，一九八七年六月，高雄。

〈閔斗基著：「中國近代改革運動研究——以康有爲作中心的一八九八年改革運動」〉 藤

井友子撰，高明士譯，《食貨月刊》一六：一一／一二，一九八八年三月，台北。

〈論康有爲的集權思想〉 雷慧兒撰，《歷史學報（師大）》二〇期，一九九二年六月，台北。

七、相關之外國思想專著與譯著

《西洋現代史學流派》 編輯部編譯，弘文館出版社，一九八六年四月初版，台北。

《存在與時間》 馬丁·海德格撰，王慶節、陳嘉映譯，桂冠出版社，一九九三七月初版二刷，台北。

《柯靈烏自傳》 柯靈烏撰，陳明福譯，故鄉出版社，一九八五年三月出版，台北。

〈柯靈烏的歷史觀——歷史即心智的自我認知〉 柯靈烏撰，陳明福譯，《史學評論》第七期，一九八四年七月，台北。

《哈貝馬斯的溝通倫理學》 蔡漢俠複校，結構出版群，一九八九年六月，台北。

《善の研究》 西田幾多郎著，岩波書店，昭和二十五年一月，日本東京。

《哲學的人間學》 高山岩男著，玉川大學出版部，昭和四十六年，日本。

《世界史の哲學》 高山岩男著，岩波書店，昭和十七年九月，日本。

《氣の思想》 小野澤精一等編，東京大學出版部，一九八〇年一月，日本。

《歷史哲學》 黑格爾撰，王造時譯，里仁書局，一九八四年十二月初版，台北。

《歷史的理念》 柯林烏撰，陳明福譯，桂冠圖書公司，一九九二年八月四版一刷，台北。

〈歷史哲學的性質和目的〉 羅賓·柯林烏撰，收入張文傑等編譯的《現代西方歷史哲學譯文集》，谷風出版社，一九八七年十一月初版，台北。

〈歷史的規律〉 （法）雷蒙·阿隆，收入張文傑等編譯的《現代西方歷史哲學譯文集》，谷風出版社，一九八七年十一月初版。

《比較哲學方法論的研究》 臼木淑夫、峰島旭雄編，東京書籍株式會社印行，昭和五十五年六月，日本東京。

《論 R.G, Collingwood 的『歷史的想像』》 林安梧著，鵝湖一一五期，民國七十四年一月，台北。

《解釋學與人文科學》 （法）保羅·利科爾撰，曲煒等譯，河北人民出版社，一九八七年十二月，河北。

《精神現象學》 黑格爾撰，賀麟、王玖興譯，里仁書局，一九八四年七月，台北。

" Being and Time " Martin Heidegger , New York: Harper & Row, 1962.

" Being and Nothingness ", Jean-Paul. Sartre, translated by H. E. Barnes 1956, New York.

" The Chinese View of Life " , Fang, Thome H. , Hong Kong: UnionPress , 1957.

" Chinese Philosophy : Its Spirit and Its Development " , Fang, Thome H. , Taipei: Linking Publishing Co. Ltd. , 1981.

" Chu Hsi: Life and Thought " Wing-tsit Chan, The Chinese University Press, 1987, Hong Kong.

" Critiques of Confucius In Contemproary China " Kam Louie, 1980. Hong Kong: The Chinese University Press.

" The Crisis of Chinese Consciousness: Radical Antitraditionalism In The May Fourth Era ", Lin Yu-Sheng, 1979, 全國出版社影印，台北。

"Escape From Predicament: Neo-Confucianism and China's Evolving Political Culture, Metzger, Thomas A. 1977, New York.

" Historism—the Rise of a New Historical Outlook, Friedrich Meinecke, 虹橋影印出版，一九七二年四月，台北。

"Heidegger and Chinese Philosophy", Chan Wing-cheuk, 雙葉書廊出版印行, 1986年, 台灣。

"I and Thou ", Martin Buber, translated by Ronald Gregor Smith, part 1, p.p.1－34, the Scribner Library, 1957, New York .

"Individual and State In Ancient China." V. A. Rubin, 1976. New York: Columbia University Press.

"The Logic of Historical Explanation ", Max. Weber, 1978, In W. G. Runciman, ed., Weber: Selections in Translation. London: Cambridge University Press.

"Language and Symbolic Power" Pierre Bourdieu 1991, Edited and Introdued by John B. Thompson Translated By Gino Raymond and Matthew Adamson, Harvard University Press.

"Lectures on the Philosophy of World History" , G.W.F. Hegel, Trans. by H.B. Nisbet,

Cambridge University Press, London, 1975.

"A Modern China and a New World :Kang yu-wei , Reformer and Utopian, 1858 – 1927 ", Kung-Chuan Hsiao , University of Washington Press , 1975 , U.S.A.

"The Methodology of the Social Sciences" , Max. Weber, translated by E. A. Shils & H. A. Finch, 台灣虹橋影印版。

"The Religion of China " Max. Weber, 1964, Translated From the German And Edited by H. Gerth With an Introduction by C.K. Yang, The Free Press , New York.

"Philosophy in a New Key", Susanne K. Langer, 1980. 3rd ed. Cambride: Harvard University Press.

"The World of Thought in Ancient China " Benjamini Schwartz ,雙葉書店影印本，一九八六年，台北。

重要人名索引

四畫

五畫

六畫

七畫

八　畫

九　畫

十　畫

十一畫

十二畫

十三畫

重要概念索引

一　畫

二　畫

三　畫

四　畫

五　畫

六　畫

七　畫

八畫

九畫

十畫

十一畫

十二畫

十三畫

十四畫

十五畫

十六畫

十七畫

廿二畫

國家圖書館出版品預行編目資料

中國近現代思想觀念史論

林安梧著. – 初版. – 臺北市：臺灣學生，民 84

面；公分

參考書目：面

含索引

ISBN 978-957-15-0711-8 (平裝)

1. 哲學 – 中國 – 論文，講詞等

120.7　　84010330

中國近現代思想觀念史論

著作者：林安梧

出版者：臺灣學生書局有限公司

發行人：楊雲龍

發行所：臺灣學生書局有限公司

臺北市和平東路一段七五巷一一號

郵政劃撥戶：〇〇〇二四六六八號

電話：（〇二）二三九二八一八五

傳真：（〇二）二三九二八一〇五

E-mail: student.book@msa.hinet.net

http://www.studentbook.com.tw

本書局登記證字號：行政院新聞局局版北市業字第玖捌壹號

定價：新臺幣四五〇元

一九九五年九月初版

二〇一八年六月初版二刷

14303

ISBN 978-957-15-0711-8 (平裝)